AF384581

LE
GÉNÉRAL BEKER

PAR

MARTHA-BEKER

COMTE DE MONS.

PARIS

LIBRAIRIE ACADÉMIQUE

DIDIER ET CIE, LIBRAIRES-ÉDITEURS

35, QUAI DES AUGUSTINS, 35.

—

1876

NOTICE BIOGRAPHIQUE

DU

LIEUTENANT-GÉNÉRAL COMTE BEKER

NOTICE BIOGRAPHIQUE

DU

LIEUTENANT-GÉNÉRAL COMTE BEKER

Le lieutenant général Baegert-Beker (Nicolas), comte de Mons, Pair de France, Grand'Croix de la Légion d'honneur, Commandeur de l'Ordre royal et militaire de Saint-Louis, Grand'Croix de l'Ordre du Mérite militaire de Maximilien Joseph de Bavière, Chevalier de la Couronne de fer, etc., est né à Obernai en Alsace, le 13 janvier 1770. Sa famille avait été anoblie par l'Empereur d'Autriche, dans la personne de l'un de ses ancêtres, qui avait enlevé un étendard turc à la bataille de Peter-waradin.

Quoiqu'élevé par un oncle jésuite, supérieur du collége de Molsheim, le futur général montrait peu de goût pour l'état ecclésiastique, vers lequel on voulait le diriger. Il quitta secrètement le collége à dix sept-ans, se rendit à Strasbourg, et, à l'insçu de ses parents, s'enrôla comme volontaire dans le régiment de Languedoc-Dragons ; c'était peu de temps avant la Révolution.

Ses premières années au régiment furent pénibles ; son père, homme patriarcal, mais austère, ne pouvait lui pardonner sa désobéissance et son enrôlement, et ne voulut rien faire, rien tenter pour lui. Les événements qui survinrent, la guerre qui éclata en 1792, donnèrent un aliment à l'activité du jeune militaire, qui ne tarda pas à se faire remarquer par sa valeur et son intelligence, dans les combats d'avant-postes. Blessé d'un coup de feu, il continue à combattre et sa conduite attire l'attention du général de Lamarlière. Il est nommé sous-lieutenant de hussards le 20 avril 1793, après la journée de Nerwinde, et lieutenant après celle de Wattignies, qui amena le déblocus de Maubeuge. Dès ce moment, son avancement fut rapide.

Sur ces entrefaites, l'insurrection de plus en plus menaçante de la Vendée avait exigé l'envoi de nombreux renforts ; la division Duquesnoy fut détachée de l'armée du Nord pour s'y rendre ; le lieutenant Beker qui en faisait partie fut désigné, comme aide-de-camp du général Bonnaire, pour conduire l'avant-garde chargée de préparer les étapes. Lorsque cette division se mit en marche, à la fin de 1793, l'armée vendéenne venait de subir un épouvantable désastre : la déroute du Mans, la dispersion et le massacre d'une population entière sur les bords de la Loire. On était alors au fort de la Terreur, et l'on sait tout ce que cette malheureuse contrée eut à souffrir des fureurs révolutionnaires et d'une guerre implacable.

Ce fut dans cette situation affreuse que le jeune officier trouva la Vendée à son arrivée. On verra, par le récit de sa conduite et par les témoignages authentiques de reconnaissance qui lui furent adressés, qu'il se montra sans cesse préoccupé de venir en aide aux populations et d'adoucir la rigueur des mesures décrétées par un gouvernement impitoyable. Les contemporains se sont longtemps rappelé qu'il ne toléra jamais les fusillades arbitraires, que l'on se permettait quelquefois après les combats.

A peine la division de l'armée du Nord eut-elle été cantonnée sur le territoire insurgé, que le lieutenant Beker fut promu par les Représentants au grade d'adjudant-général chef de bataillon, auquel le désignaient son instruction, son caractère et sa rare intelligence, et mis à la tête de la région militaire des districts de Fontenay et de la Chataigneraie. Dans ce poste difficile qui lui fut conféré à l'âge de vingt-quatre ans, il se fit constamment remarquer par sa sagesse et sa fermeté, il soulagea, autant qu'il fut en son pouvoir, les souffrances de ce malheureux pays, et sut se concilier la reconnaissance et l'affection des populations.

Un jour arriva, du Comité de Salut public, l'ordre de faire évacuer par les habitants les maisons de Fontenay et de la Chataigneraie, puis de livrer ces deux villes aux flammes pour les soustraire à l'occupation des Vendéens qui se dirigeaient de ce côté. L'adjudant-général osa désobéir, en cette périlleuse et horrible conjoncture où il risquait sa vie. Il en référa aux Représentants du peuple en mission dans le pays, en ayant soin de faire valoir la nécessité de conserver ces deux centres de dépôt à l'armée républicaine. Nouvelle injonction, nouveau refus. Avis en est donné au Comité de Salut public, qui, heureusement, reconnaît la justesse des observations de l'officier commandant, et les deux communes sont sauvées de la destruction. Cette circonstance était restée ignorée des populations.

Quelque temps après, se présentent chez lui des délégués de la municipalité de Fontenay, qui viennent se plaindre du fardeau de plus en plus lourd des réquisitions en nature exigées sans relâche pour les besoins de la guerre. *Croyez-vous*, leur dit le Commandant, *que cela dépende de moi, que je ne cède pas à des ordres supérieurs et à une nécessité absolue? Croyez-vous que je ne cherche pas à vous éviter les charges et les vexations autant qu'il est en mon pouvoir? Tenez et lisez*, ajouta-t-il, en leur ouvrant le registre de ses correspondances officielles. A la lecture du récit du danger qu'ils avaient couru, danger conjuré par le courage et l'humanité du jeune officier, les délégués surpris et émus se jettent dans ses bras. La nouvelle de ce fait se répand dans la ville, et bientôt, hommes, femmes et enfants, envahissent la maison et embrassent leur libérateur.

Aussi, lorsqu'appelé à une autre destination, il dut quitter la Vendée et ses nombreux amis, les municipalités de ces deux chefs-lieux lui adressèrent des délibérations votées à l'unanimité pour lui exprimer leur reconnaissance, *pour lui donner*, disent-elles, *des témoignages éclatants des sentiments que la sagesse de sa conduite leur avait inspirés, et des regrets que leur causait son départ.*

A l'envoi de la délibération de Fontenay était jointe la lettre suivante :

3 ventôse an 4 de la République française
une et indivisible.

« Le Président de l'administration municipale de la commune de Fontenay-le-Peuple,

» A l'adjudant-général Beker.

» L'Administration municipale, citoyen, m'a

chargé de vous transmettre son arrêté de ce jour. Elle se flatte que vous y verrez un témoignage éclatant de sa satisfaction de la conduite sage et mesurée que vous n'avez cessé de tenir depuis que vous résidez dans ses murs, et des services que vous avez rendus à la chose publique.

» Je suis aussi chargé, citoyen, de vous exprimer les sentiments personnels de mes collègues, et vous ne pouvez douter de ceux des habitants de cette commune et des miens.

» Je souhaite que, si nous sommes encore condamnés à éprouver le fléau de la guerre, le bien du service vous appelle de nouveau dans nos murs. Vous y retrouverez autant d'amis que de citoyens. »

Le Président de l'administration municipale.

Signé : TESTARD.

Au commencement de 1795, les défaites continuelles des Vendéens, les pertes cruelles qu'ils avaient faites, avaient amené l'épuisement et la lassitude; le gouvernement, désireux de mettre fin à une guerre qui paralysait ses efforts à l'extérieur, jugea le moment favorable pour tenter une pacification. Mais la mission était délicate et périlleuse, et exigeait un officier capable et estimé des Vendéens; elle fut confiée au commandant Beker, nommé depuis peu adjudant-général, chef de brigade; il fut chargé d'aller à la recherche de Stofflet, afin d'entamer des pourparlers avec lui. Le récit intéressant de cette mission se trouve dans une lettre qu'il écrivit le 29 mars 1795 (1).

L'adjudant-général Beker employé près le Général en chef, au général Beaupuy, à Chollet.

« Je commence à croire, mon cher Général, que nous parviendrons à pacifier cette partie de la Vendée, sans être forcés de recommencer les hostilités. Aucun rassemblement de Vendéens ne s'est présenté sur notre route de Thouars ici. Nos troupes, que l'on maintient dans les bornes d'une discipline sévère, n'inspirent plus la même terreur aux habitants de ces contrées, et la confiance semble renaître. Je désire que vous trouviez les mêmes dispositions sur votre direction.

» J'ai vu de près Stofflet et son conseil, voici comment :

» Les Représentants du peuple et le Général en chef voulant faire connaître au Chef vendéen d'une manière toute particulière leurs intentions pacifiques, en lui faisant porter des paroles de paix par un officier de l'état-major, j'ai été désigné pour remplir cette mission qui pouvait avoir ses dangers.

(1) Guerres des Vendéens, tome 4, page 413.

Mais, je vous l'avoue, l'aspect des ruines encore fumantes de la Vendée ne me permettait guère de réfléchir sur ses suites. C'était le 26, nous étions à Bressuire ; on n'avait pu se procurer aucun renseignement sur la retraite de Stofflet. Je m'abandonnai donc au hasard sur la route de Chatillon, seul, couvert d'une vieille redingote, compagne de nos bivouacs. Je ne tardai pas d'être arrêté ; on me conduisit à Chatillon, où se trouvait un officier de Stofflet auquel je fis part de l'objet de ma mission, en lui demandant d'être conduit devant son général. Après différentes questions qui annonçaient quelque défiance, on me dit qu'on allait lui expédier une ordonnance et qu'il fallait attendre ses ordres. La réponse fut favorable à ma demande, et l'on me conduisit mystérieusement à Cerizais. Là se trouvait le général vendéen avec son conseil composé d'une quinzaine d'officiers. Je n'ai aperçu d'autre rassemblement que la garde du quartier général vendéen. Après quelques moments d'attente sous la surveillance d'un officier, je fus introduit dans la salle du conseil, et j'annonçai le motif de ma mission avec ce ton de franchise propre à inspirer la confiance.

» Cette confiance, ou plutôt la situation désespérée de Stofflet qui ne pouvait parvenir à faire de nouveaux rassemblements, détermina le conseil à me faire accompagner par deux officiers de son état-major, chargés de s'assurer par eux-mêmes des dispositions des Représentants, auprès desquels ils ont trouvé, à notre retour, un fort bon accueil. Ils ont pu reporter à leur chef l'assurance la plus positive de nos intentions pacifiques.

» J'ai reconnu, parmi les membres du conseil, un officier avec lequel j'avais servi ; il m'a avoué, dans un entretien particulier, que son parti était désormais sans ressource. »

Au mois de février 1796, Beker fut envoyé à l'armée du Nord cantonnée en Hollande, et fut investi du commandement de l'importante place d'Utrecht. Ce pays était alors agité par les rivalités des Patriotes et des Orangistes. Le commandant français fut souvent obligé d'intervenir ; il montra sur ce nouveau théâtre le même esprit de fermeté et de prudence qu'en Vendée ; il parvint à apaiser des troubles dans la Frise, à faire rappeler des familles exilées, et, à son départ, les autorités hollandaises lui manifestèrent officiellement leur reconnaissance et leurs regrets de son éloignement.

Il dut conduire une division de l'armée du Nord pour renforcer celle de Sambre-et-Meuse poursuivie par l'archiduc Charles. Les bulletins militaires signalent sa participation active au combat de Sultzbach, le 17 août 1796, à la tête de la 83ᵉ demi-brigade d'infanterie, dans la division du général Lefebvre. L'aile droite de l'ennemi fut forcée par cette brigade d'abandonner le terrain en désordre et de se replier sur le centre, où elle jeta la confusion.

Rappelé à l'armée du Nord et Batave, Beker quitta celle de Sambre-et-Meuse, remplit une mission importante de Jourdan auprès de Moreau qui venait d'effectuer sa belle retraite sur le Rhin, visita sa famille qu'il n'avait pas revue depuis son enrôlement, et retourna en Hollande, commandée par le général Dejean, en l'absence de Beurnonville, alors à Paris, où le retenaient les événements du 18 Fructidor.

Un mois après ce coup d'état, il reçoit une lettre du général Beurnonville, qui lui dit : « Je vous ai proposé au général Hédouville pour l'expédition de Saint-Domingue ; elle peut et doit vous conduire à un gouvernement particulier dans les Antilles. Si cela vous convient, mandez-le-moi, vous êtes accepté, cela vaudra mieux que de végéter sur la ligne, d'autant qu'il y aura de grandes réformes à la paix, vous trouverez fortune et avancement dans ce que je vous propose. »

L'Adjudant-général vint à Paris, la paix venait en effet d'être signée à Campo-Formio par Bonaparte, et les chances d'avenir pour les officiers semblaient devoir être arrêtées pour longtemps. A cette époque, Moreau et Kleber disgraciés vivaient modestement dans une petite maison que ce dernier avait achetée à Passy, et Beker en fut un des hôtes intimes pendant son séjour dans la capitale.

De retour en Hollande, le général Beurnonville lui écrit d'Utrecht à Paris, le 16 brumaire an **VI** : « Je vous ai toujours conservé votre place d'adjudant-général, et, tant que les choses resteront dans le statu quo, je ne proposerai votre remplacement que lorsque vous serez en mer. Je ne m'étais déterminé à vous proposer un emploi dans l'expédition de Saint-Domingue avec mon ami Hédouville, que parce que j'y voyais votre avancement et un gouvernement particulier que vous y mériterez sans doute. »

Beurnonville ajoutait, en parlant de la presse : « Tous les journaux et lettres particulières suppriment l'armée du Nord, et ne laissent qu'une faible division en Hollande. Je n'ai rien reçu encore d'officiel ; mais je suis toujours prêt, comme vous le savez, à exécuter les ordres que je reçois. Si j'en recevais pour bâtonner l'*Ami* que j'appelle l'*ennemi des loix* et le *Journal des hommes tigres de tous les pays*, je ferais étouffer ces deux monstres entre deux matelas, comme deux chiens enragés. Vous devez voir comment ils habillent l'armée du Nord ; on m'assure qu'ils sont à la solde d'un parti en Hollande qui veut le pillage ; aussi les honnêtes gens, et les capitalistes surtout, tremblent-ils de la nouvelle de notre départ. »

L'adjudant-général Beker avait accepté la proposition qu'on lui avait faite de faire partie de l'expédition de Saint-Domingue comme chef d'état-major du général d'Hédouville. Le Directoire avait senti la nécessité d'agir dans cette colonie. Toussaint-Louverture, qui dans le principe avait secondé les Français, songeait à s'y rendre indépendant. On résolut d'y envoyer un corps de 4,000 hommes. Cette expédition, à la fois diplomatique et militaire, eut peu de succès, et les troupes parties de Brest en janvier 1798 revinrent un an après.

Le général d'Hédouville avait, à plusieurs reprises, mais en vain, exprimé au rusé chef des noirs le désir de l'emmener en France, où, disait-il, le gouvernement serait heureux de reconnaître hautement ses services. Au moment de s'embarquer, le général lui montrant la frégate qui portait son pavillon, voiles déployées, lui demanda de nouveau s'il ne se décidait pas à l'accompagner. Toussaint-Louverture lui fit alors cette fière réponse :

Frégate ! vaisseau à vous pas assez grand pour moi.

Dans cet intervalle, le général Bonaparte, qui n'avait pas voulu laisser refroidir l'enthousiasme qu'il avait fait naître, avait fait voile pour l'Egypte avec un corps d'armée, et l'on ne savait, depuis le désastre d'Aboukir où notre flotte avait été détruite, quand ni comment il pourrait en revenir ; d'autre part, les Autrichiens alliés aux Russes avaient recommencé les hostilités et menaçaient nos frontières.

A peine de retour de Saint-Domingue, Beker fut envoyé à l'armée d'Italie qui subissait de grands revers sous un général incapable, et qui se voyait contrainte à une retraite précipitée. Scherer avait été remplacé par Moreau, qui rendit la retraite moins désastreuse. L'adjudant général Beker reçut, en arrivant, le commandement d'une brigade de la division Serrurier, à l'extrême gauche de la ligne d'opérations, et formait l'arrière-garde, qui fut continuellement harcelée jusqu'à Lecco.

Les mémoires militaires du temps font le récit suivant du principal épisode de la bataille de Cassano, livrée le 15 avril 1799 :

« En descendant le long de l'Adda, l'adjudant général Beker parvint à repousser plusieurs partis russes ; mais Souwarow ayant forcé un passage à Trezzo, sépara la brigade Beker du gros de la division Serrurier. Quoique le général Grenier fût venu au secours de cette brigade, qui faisait les plus grands efforts pour arrêter l'ennemi, les Russes avaient déjà gagné beaucoup de terrain, lorsque le général en chef envoya des troupes fraîches à l'adjudant commandant Beker, avec ordre de s'emparer à la baïonnette d'un village où l'on voulait appuyer la gauche de l'armée française. Ce village fut enlevé, quoique défendu par des forces plus que triples de celles attaquantes, et on y prit 400 grenadiers hongrois; mais lorsqu'on voulut en déboucher, on se trouva en présence d'une masse considérable d'infanterie ennemie , appuyée d'une nombreuse artillerie tirant à mitraille sur les colonnes françaises. L'adjudant commandant Beker, connaissant toute l'importance de la position qu'il avait prise, la défendit avec la plus courageuse opiniâtreté; mais sa gauche se trouvant bientôt débordée, et sa droite étant découverte par la retraite qu'opérait la division Grenier, sa brigade se trouva compromise, et il ordonna alors la retraite, qui fut effectuée dans le meilleur ordrè possible. Déjà il avait eu deux chevaux tués sous lui, lorsqu'un biscaïen vint lui traverser le bas ventre. » Un fidèle domestique reste auprès de lui sous la pluie des boulets et de la mitraille, et continue à lui prodiguer ses soins. Arrive le général autrichien Zopf, qui fait relever et panser le blessé et donne ordre de le transporter au quartier général à Milan , avec recommandation de le protéger contre les Russes, qui à cette époque ne faisaient guère de prisonniers.

Pendant que les soldats autrichiens emportent le malheureux officier, survient Souwarow avec son état major. Voyant qu'il s'agit d'un général français, il fait arrêter le brancard, le fait déposer sur un tonneau, et prononce ces paroles en bon français : *Vous êtes, général, mortellement blessé, vous avez assassiné votre roi, détruit la religion, renversé la monarchie, recommandez votre âme à Dieu; qu'on l'emporte et qu'on ait soin de lui.* Le général blessé avait toute sa connaissance pendant que Souwarow lui adressait cette singulière apostrophe, qu'il n'a jamais oubliée, et se disait à lui-même : *Je n'ai rien fait de tout cela.* Transporté à Milan dans l'hôtel du comte Confalonieri, il y reçut les soins les plus empressés de la part des Autrichiens, qui avaient attaché un chirurgien spécial à sa personne. Cinq mois après, et marchant encore avec des béquilles, il put rentrer dans sa patrie, grâce à la capitulation conclue entre Mélas et Serrurier.

La France semblait se dissoudre à cette époque, malgré l'heureuse et grande victoire de Zurich, malgré les succès de Brune en Hollande, lorsque le retour imprévu et extraordinaire de Bonaparte en Europe changea entièrement la face des choses. On connaît le 18 Brumaire et ses conséquences, ainsi que les résultats de la merveilleuse campagne d'Italie en 1800, campagne qui s'ouvrit par le passage du Saint-Bernard et se termina par la victoire décisive de Marèngo.

Le général Desaix laissait une sœur à laquelle il portait une affection particulière; c'est à elle que pendant la Terreur, alors qu'elle et sa mère étaient détenues comme suspectes dans une prison de Riom, il adressait ces lettres charmantes, où respirent la sensibilité de l'âme, l'amour de la patrie et la passion de la gloire. Le premier Consul fit venir Mademoiselle Desaix à Paris pour la marier à l'un de ses officiers généraux, et il jeta les yeux sur l'adjudant commandant Beker. Le mariage fut conclu le 20 octobre 1800, en présence du général Bonaparte, de Joséphine, d'Hortense et d'Eugène Beauharnais, de Duroc, de Moreau, de Gouvion St-Cyr, d'Hédouville, de Lauriston, de Rapp, de Savary et d'autres illustrations qui signèrent au contrat.

Peu après son mariage, il fut envoyé à l'armée d'Allemagne destinée à agir sous les ordres de Moreau contre l'Autriche; il prit part à la bataille de Hohenlinden, à la suite de laquelle il fut élevé au grade de général de brigade, en janvier 1801.

La conclusion de la paix fut la conséquence de cette victoire, et la France put enfin jouir de quelques années de repos et d'une grandeur incomparable.

En septembre 1801, le général Beker fut appelé au commandement du département du Puy-de-Dôme, où il avait résolu de fixer sa résidence depuis son mariage avec Mademoiselle Desaix.

Il y était établi depuis quatre ans, lorsqu'il reçut, dans les premiers jours de septembre 1805, l'ordre de se rendre sur-le-champ à Strasbourg, pour y prendre le commandement d'une brigade, qui lui fut donnée dans la division Suchet du 5e corps d'armée commandé par le maréchal Lannes.

C'était la campagne d'Austerlitz qui commençait, campagne à jamais mémorable par la profondeur des combinaisons qui l'avaient préparée, et qui se réalisèrent telles que le génie de Napoléon les avait conçues. Dans cette fameuse journée, le général Beker commandait une brigade à l'extrême gauche de l'armée. Cette brigade fut chargée à plusieurs reprises, entourée et cernée par la cavalerie russe, « et l'on vit, raconte un témoin, ce que l'on n'avait jamais vu, des bataillons rester ainsi en bataille, faire feu par le premier et le troisième rang, et repousser toutes les charges sans se laisser entamer. » Cette résistance héroïque amena le succès du mouvement qui sépara l'aile droite des Russes de leur centre, et qui décida la retraite du prince Bagration. Aussi, le lendemain, sur le champ de bataille même d'Austerlitz, Napoléon signa un décret motivé sur cette belle conduite, décret qui nommait Beker général de division.

En octobre 1806 s'ouvrit la campagne de Prusse. L'Empereur avait d'abord destiné à ce général le commandement d'une des divisions cantonnées en Brisgau, dans la Forêt-Noire, et, à défaut de place disponible, il l'adjoignit au général de Grouchy dans le commandement de la 2ᵉ de dragons, qui exigea quelques délais pour sa réorganisation.

Mais telle avait été la rapidité de la marche de Napoléon, il avait frappé un coup si foudroyant à Iéna, que le général Beker arriva jusqu'à Berlin, sans avoir rencontré l'ennemi, qui fuyait vers la Poméranie. Il entre alors à son tour en ligne, sous le commandement supérieur de Murat, avec ordre de poursuivre les Prussiens dans la direction de Stettin.

Il atteint l'ennemi à Zehdenist, fond sur le régiment des dragons de la Reine, en précipite une partie dans un marais, et fait le reste prisonnier. Le lendemain, à Wigmensdorff, ce fut le tour d'un régiment de gendarmes prussiens, qui est obligé de capituler. Le troisième jour, eut lieu le combat de Prenzlow, où la 3ᵉ brigade, conduite par le général Beker, se couvrit encore de gloire.

On vit, à la suite de ces journées sanglantes, le prince de Hohenlohe défiler devant Murat avec 16,000 hommes d'infanterie, six régiments de cavalerie, 75 pièces d'artillerie et 45 drapeaux.

Une partie de l'armée prussienne, sous les ordres du général de Bila, s'était échappée et fuyait vers Passewalck et Ancklam; la poursuite en fut confiée par Murat au général Beker. Détaché à la tête de la 5e brigade de cavalerie, celui-ci rencontre l'ennemi, le 31 octobre 1806, en avant de la petite ville d'Ancklam, et le charge aussitôt à la tête de ses dragons. « Cette attaque, dit l'histoire (1), fut faite avec tant de véhémence qu'un instant suffit pour enfoncer l'ennemi ; rien ne put résister à ce coup impétueux, ni la cavalerie, ni l'infanterie prussiennes, à qui Ancklam servit de refuge. Le général Beker y entra en même temps dans la ville, où les Prussiens capitulèrent au nombre de 4,000 hommes. Parmi les prisonniers que fit le général Beker, on vit le régiment des hussards du roi de Prusse, qui avait reçu, après la guerre de Sept ans, des mains de l'impératrice Catherine, des pelisses de peaux de tigres, en témoignage de sa belle conduite. » L'étendard royal de la garde tomba au pouvoir du vainqueur.

---

(1) Dictionnaire historique des batailles, tome I, Combat d'Ancklam.

Le 26ᵉ Bulletin de la grande armée est presqu'entièrement consacré aux faits d'armes du général Beker ; il est conçu en ces termes :

Au quartier général de Berlin ,
le 2 novembre 1806.

« La colonne du général prussien de Bila a été faite prisonnière le 31 octobre, sur la frontière de la Poméranie Suédoise, après le combat d'Ancklam.

» Le général de division Beker, à la tête de la brigade de dragons Boussard , a chargé vigoureusement l'ennemi, et l'a obligé à capituler.

» Sa Majesté témoigne sa satisfaction au général de division Beker et à la brigade de dragons Boussard.

» Elle a déjà vu avec plaisir la conduite du général Beker aux combats de Zehdenist et de Wigmensdorff.

» Signé Maréchal BERTHIER. »

A la suite de ces brillants combats, l'Empereur forma, pour ce général, la 5ᵉ division de dragons, composée de deux brigades prises aux 2ᵉ et 4ᵉ divisions, et l'attacha au corps d'armée du maréchal Davoust. On allait entrer en Pologne et se mesurer contre les Russes. Le nom du général Beker fut de nouveau cité glorieusement, spécialement pour sa conduite dans les combats de Nazielsk, de Pultusk, d'Ostrolenka et de Golymin.

L'armée française eut à supporter les plus dures épreuves durant l'hiver de 1806 à 1807, au milieu des boues et des marais de la Pologne, hiver qui fut marqué par la sanglante bataille d'Eylau.

Napoléon avait disposé, en avant de la grande armée, un front très-étendu d'avant-postes, pour résister aux attaques incessantes de nuées de Cosaques, et avait confié au général Beker le commandement de cette ligne avancée. Celui-ci sut manœuvrer de manière à ne jamais se laisser entamer, et protégea l'armée contre des masses de cavalerie russe qui cherchaient à y faire des trouées.

Lorsqu'après son retour de Naples, le maréchal Masséna fut appelé au commandement du 5e corps d'armée, il le demanda pour son chef d'état-major, d'après la haute idée qu'il en avait conçue.

La campagne de Pologne fut continuée jusqu'à la paix de Tilsitt (7 juillet 1807), à la suite de laquelle le chef d'état-major revint avec le duc de Rivoli cantonner en Silésie.

Après tant d'héroïques campagnes, l'armée avait droit à des récompenses que l'Empereur s'empressa de distribuer à tous ceux qui avaient bien mérité de la patrie.

Le maréchal duc de Rivoli étant rentré en France, son chef d'état-major, le général Beker fut nommé, le 5 mars 1808, commandant provisoire en chef du 5ᵉ corps de la grande armée, et gouverneur de Silésie. Le même jour, un décret lui octroya le titre héréditaire de comte de l'Empire, sous la dénomination de comte de Mons, tirée de la propriété où il avait fixé son domicile, et on lui accordait en même temps des dotations importantes en Westphalie et en Hanovre.

Tout récemment, le roi de Bavière, voulant lui témoigner sa gratitude pour les soins qu'il avait pris du Prince Royal et des troupes bavaroises attachées au service de la France, lui avait envoyé le grand cordon de l'ordre du mérite militaire de Maximilien Joseph. A cet envoi était jointe une lettre flatteuse du Prince Royal, qui avait souvent habité sous la tente du général, dans les tristes plaines de la Pologne.

Au commencement de 1809, la guerre paraissant imminente avec l'Autriche, l'Empereur créa un corps d'observation, dit de l'armée du Rhin, et lui donna le comte Beker pour chef d'état-major.

Les hostilités commencées, Napoléon conduisit les opérations militaires avec sa promptitude habituelle, et, vers le milieu de mai, il avait déjà battu l'ennemi à Eckmulh et se trouvait sous les murs de Vienne. Les 22 et 23 mai, se livra sur les bords du Danube, autour de l'île de Lobau, la bataille d'Essling, qui fut disputée avec tant d'acharnement. On sait que cette bataille, où périt le maréchal Lannes, fut l'une des plus meurtrières de la période impériale. Le célèbre archiduc Charles était à la tête de l'armée autrichienne, qui arrivait par la rive gauche du Danube. L'armée française venue de Vienne par la rive droite, et résolue à l'attaque, avait tenté et effectué le passage du fleuve sur des ponts faits à la hâte, et s'était établi entre les villages d'Aspern et d'Essling. Le maréchal Masséna commandait l'aile gauche à Aspern, et c'est sur ce point, qui fut bientôt un monceau de décombres, que, le 22, les Autrichiens portèrent tous leurs efforts. Là eurent lieu une mêlée affreuse et une résistance longue et héroïque qui sauva l'armée, et la victoire fut due à l'action énergique du maréchal Masséna et de son chef d'état-major, le général Beker qui le seconda vaillamment de la manière la plus brillante. Le danger avait été d'autant plus grand, que le Danube, soudainement grossi par la fonte des neiges, avait rompu les ponts et intercepté les communications avec la rive droite, d'où les Français tiraient leurs munitions, et en cas d'insuccès sur l'aile gauche, ils étaient menacés d'être jetés dans le fleuve.

Le lendemain 25, l'Empereur ayant décidé la retraite sur l'île Lobau, et s'étant réservé la direction des mouvements des ponts, question capitale dans ce moment critique, avait remis le commandement en chef de l'armée à Masséna. La retraite s'opéra au milieu des feux de l'ennemi, et le Maréchal, ainsi que son chef d'état-major, furent les derniers à quitter la rive que balayait le canon de l'ennemi. Ainsi que dans la première journée, le général Beker eut une grande part aux opérations auxquelles l'armée dut son salut. Aussi le maréchal, déjà duc de Rivoli, fut fait prince d'Essling, et le comte Beker fut le seul général décoré de la plaque de grand-officier de la Légion d'honneur.

Mais tant de glorieux services ne purent l'empêcher de tomber peu après en disgrâce. La funeste guerre d'Espagne, qui devait dévorer nos armées, avait été entreprise et se poursuivait, depuis un an, dans des conditions inquiétantes. Le général Beker, qui ne savait pas subordonner son patriotisme et la franchise de son caractère à ses intérêts, s'exprimait hautement sur la folie de cette expédition, qu'il déclarait injuste et impolitique. Le prince d'Essling partageait cette manière de voir, il était d'ailleurs mécontent, disant qu'on avait fait moins pour le vainqueur de Zurich que pour d'autres moins illustres. Une certaine mésintelligence régnait entre le Prince et Berthier, et l'on accusait le général Beker d'entretenir le mécontentement et l'esprit d'opposition du maréchal Masséna. On savait que son chef d'état-major était demeuré l'ami et l'admirateur de Moreau. Enfin, il était desservi auprès de l'Empereur par le duc de Rovigo, avec lequel il avait eu des discussions d'intérêts au sujet de la succession du général Desaix, dont l'aide-de-camp, Savary, avait réglé les affaires privées, après la mort du héros. Il résulta de toutes ces circonstances, qu'un mois s'était à peine écoulé depuis la bataille d'Essling, où le chef d'état-major de Masséna avait joué un rôle si important et si heureux, rôle que Napoléon lui-même avait cru devoir récompenser, qu'il reçut, sans autre motif donné qu'un prétexte de santé, l'ordre de rentrer en France, au grand regret du prince d'Essling qui ne cessa, toute sa vie, de lui témoigner son estime et son attachement.

Bientôt les événements prirent un caractère de plus en plus alarmant en Espagne. On avait besoin de généraux capables, et, le 25 janvier 1810, le prince Berthier, ministre de la guerre, lui fit écrire pour lui demander s'il accepterait un commandement dans la Péninsule. La proposition n'eut pas de suite, parce que le général persista dans l'expression de ses sentiments de désapprobation de cette guerre.

L'Empereur n'en avait pas moins conservé son estime à celui qu'il avait disgracié, car il lui manda que son fils ferait partie du groupe des vingt-quatre enfants de la noblesse de l'Empire, qui seraient tenus sur les fonts baptismaux par LL. MM. Napoléon et Marie-Louise, à l'occasion du baptême de leur neveu, le prince Louis, depuis Napoléon III. La cérémonie eut lieu dans la chapelle impériale du palais de Fontainebleau, le dimanche 4 novembre 1810, et se fit par les mains du cardinal Fesch, grand-aumônier.

On craignait une descente des Anglais dans l'île de Belle-Isle en mer, le comte Beker en fut nommé gouverneur en février 1811 ; il y resta un an, puis demanda sa mise en disponibilité, et rentra dans ses propriétés du Puy-de-Dôme, où il demeura en non-activité jusqu'à la première Restauration.

Lorsque les Alliés entrèrent en France, le maréchal comte de Wrède, commandant en chef de l'armée austro-bavaroise, lui adressa la lettre suivante, témoignage authentique de la conduite noble et désintéressée qu'il avait tenue en Allemagne, à l'époque des conquêtes.

Lettre ouverte.

« Le Soussigné ayant eu l'honneur de connaître

très-particulièrement le général de division comte de Becker, et ayant été témoin des principes loyaux et dignes d'un brave militaire que ce général a manifestés et déployés, et qui n'ont cessé d'être la règle de sa conduite dans le temps qu'il traversait l'Allemagne à la tête de troupes ennemies ; ayant toujours été flatté de pouvoir nommer Monsieur le général comte de Becker comme un de ses amis les plus estimables, le Soussigné prie messieurs les généraux autrichiens et autres des puissances alliées qui pourraient traverser les possessions de Monsieur le Général situées à Aigueperse département du Puy-de-Dôme, de les prendre sous leur protection spéciale, de les décharger, autant que faire se pourra, du fardeau de la guerre, et enfin, à titre de réciprocité pour sa belle conduite et la noblesse de ses procédés, d'être utiles à ce brave et digne militaire qui n'a jamais cessé de faire le bien, là où il l'a pu. »

Paris, le 25 avril 1814.

Le Maréchal,
Commandant en chef l'armée Austro-Bavaroise,

Comte de **WRÈDE**.

En juin 1814, le Roi le nomma chevalier de Saint-Louis, et lui donna le commandement des troupes que l'ennemi avait fait refluer vers les départements de l'intérieur. Des conflits furent conjurés par son énergie entre les régiments et la garde nationale de Clermont.

Après le retour de Napoléon de l'île d'Elbe, le comte Beker fut nommé président du collége électoral du Puy-de-Dôme, et élu membre de la Chambre des Représentants. Les colléges électoraux avaient été chargés en même temps d'envoyer des électeurs délégués à Paris, pour recevoir des mains de l'Empereur, qui voulait nationaliser la guerre, les drapeaux destinés aux gardes nationales des départements.

Arrivé dans la capitale, le 22 mai 1815, le comte Beker cherche à se rendre compte de la situation et écrit à sa femme :

« L'armée demande la guerre, le Midi et l'Ouest sont mal disposés, et il y a beaucoup d'indifférents à Paris. Il n'y a que des victoires qui puissent contenir les partis à l'intérieur ; la guerre paraît inévitable, quand même les Alliés ne la voudraient pas. » Le 31, il dit : « Je suis décidé à rester au Corps législatif, pour conserver mon indépendance, à laquelle j'attache plus de prix qu'à toute destination contraire à mes goûts. »

Le 1er juin, eut lieu la fête du Champ de Mai, et, le 4, la remise des drapeaux des gardes nationales des départements, dans la grande galerie du

Louvre. D'un côté, se trouvaient rangés les électeurs, et de l'autre, les députations de l'armée. Voici comment le Général raconte la réception que lui fit l'Empereur, en arrivant devant la députation du Puy-de-Dôme, dont il était le Président : « Je ne t'ai plus écrit depuis la veille de la cérémonie du Champ de Mai, parce que je voulais attendre notre présentation aux Tuileries, pour te communiquer le résultat de ma réception, qui a été plus gracieuse que je ne m'y attendais. D'abord, en lui remettant notre adresse, il m'a demandé comment je me portais, où tu étais, et combien nous avions d'enfants, questions ordinaires auxquelles il m'était facile de répondre. Ensuite, en me remettant le drapeau du département dans la grande galerie du Musée, où l'on avait rassemblé tous les électeurs, il m'a dit : *Je vous remets le drapeau de votre département, il ne peut être confié à de meilleures mains, j'espère que vous saurez le défendre.* Ce compliment m'attira les regards et la faveur de ceux qui accompagnaient l'Empereur, et, après avoir passé huit heures au château, je rentrai bien fatigué. »

On connaît les événements qui suivirent : Waterloo et la seconde abdication de l'Empereur. Le comte Beker, questeur de la Chambre, fut investi du commandement de la garde chargée de veiller à la sûreté de l'Assemblée, qui pouvait être compromise au milieu de l'agitation de Paris. Puis commença la mission délicate qu'il eut à remplir auprès du Souverain déchu, mission qui fait l'objet d'une relation spéciale.

A la seconde Restauration, retiré dans sa terre de Mons, il se vit dénoncé, au commencement de 1816, comme partisan de Bonaparte, par un préfet trop zélé qui agissait, disait-il, au nom du Conseil des Princes, Conseil que dirigeaient des hommes imprudents et passionnés, et il reçut l'ordre de se rendre à Poitiers, pour y rester en surveillance. Surpris et indigné, il écrit aux Ministres et au Prince de Talleyrand, et la comtesse Beker se rend à Paris pour obtenir la révocation de la mesure.

La lettre du Général aux Ministres renferme ce passage : « Je réclame près des Ministres de la Guerre et de la Police contre cet acte d'iniquité dont je suis l'objet, et je prie Monseigneur le duc de Feltre de me faire expédier un passeport pour me rendre en Allemagne, si l'ordre de mon exil n'est pas révoqué, préférant un ostracisme complet à une mise en surveillance. Je suis du nombre des officiers qui peuvent reparaître dans tous les pays où le sort de la guerre les a conduits, avec l'assurance d'y trouver l'hospitalité qu'on me refuse dans ma patrie. » Les journaux anglais s'occupèrent de cet incident qui eut un assez grand retentissement, l'ordre fut révoqué, la religion du gouvernement avait été surprise.

Mais l'émotion causée par les péripéties de cette affaire, les fatigues d'un voyage à Paris, étant déjà malade, l'ennui des sollicitations qu'elle dut entreprendre, conduisirent peu après la comtesse Beker dans la tombe.

Louis XVIII avait été étranger à la mesure qui avait frappé le Général, et lui témoignait au contraire beaucoup de bienveillance; il le comprit, en 1818, dans le cadre des huit lieutenants-généraux mis à la tête de l'état-major, et le créa Pair héréditaire en 1819, avec constitution d'un majorat. Charles X, à l'occasion de son sacre, lui donna le cordon de Commandeur de Saint-Louis.

Le comte Beker jouissait d'une grande considération dans le monde politique et à la Chambre des Pairs. En relations suivies avec les personnages marquants du temps, lié d'amitié avec plusieurs d'entre eux, il était accueilli avec empressement dans les salons de Paris. Causeur aimable, frondeur spirituel, il plaisait par sa franchise mêlée d'aménité; sa conversation et sa correspondance étaient pleines de charmes, surtout sur les questions de la politique du jour, qui l'intéressaient vivement, et qu'il envisageait avec sagacité.

Un malheur imprévu, la mort d'un fils unique, capitaine d'état-major, vint en 1829 briser subitement cette existence si bien remplie. Le Roi lui fit témoigner la part qu'il prenait à sa douleur, ce fut un deuil parmi ses nombreux amis, et, depuis ce fatal événement, sa santé fut altérée profondément.

Vint la Révolution de 1830, à laquelle le Général fut loin d'applaudir. Il comprit que l'ère des révolutions allait se rouvrir, il regrettait ce beau et noble gouvernement, si injustement attaqué par un libéralisme inintelligent, et qui occupait une si grande place en Europe. Cependant il connaissait particulièrement le nouveau Roi; des visites s'étaient échangées fréquemment entre le château de Randan, où habitait le duc d'Orléans en été, et le propriétaire de la terre de Mons. Louis-Philippe lui offrit, en 1831, le commandement de la division militaire de Marseille, qui ne fut point accepté, et lui conféra le grand-cordon de la Légion d'honneur.

Lorsqu'en 1836, le comte Beker voulut se donner une famille adoptive, et demanda au Roi la transmission du titre de comte de Mons sur la tête de son neveu, le Roi lui accorda gracieusement sa demande et fit insérer dans les lettres patentes, ces mots: *que Sa Majesté voulait donner au général Beker un témoignage particulier de sa bienveillance royale, et prouver une fois de plus, en perpétuant un titre acquis par d'éclatantes actions, que les grands services rendus à la patrie trouveraient toujours auprès du trône la protection dont ils sont dignes.*

Sa santé commençait à s'altérer d'une manière alarmante, la maladie du cœur dont il souffrait faisait des progrès rapides, et, le 18 novembre 1840, il s'éteignit doucement à Mons, dans les bras de sa famille adoptive, après avoir reçu les secours de la religion, qu'il avait demandés, dès qu'il eut senti sa fin s'approcher. Sa mort fut un deuil pour le département du Puy-de-Dôme, dont il avait présidé le Conseil général presqu'à chaque session; elle fut surtout un deuil pour la contrée qu'il habitait, et dont il s'était montré constamment le père et le protecteur.

Son nom fut gravé sous les voûtes de l'Arc de triomphe dédié à la gloire de la grande armée, et, le 29 mars 1842, le général comte Dejean prononça son éloge à la Chambre des Pairs, qui s'associa tout entière aux nobles sentiments exprimés sur l'illustre collègue qu'elle avait perdu.

Nous n'ajouterons rien au récit des faits retracés dans cette simple notice; ils parlent assez haut pour faire reconnaître, dans le comte Beker, le citoyen toujours dévoué à son pays, l'un des généraux d'état-major et de cavalerie les plus éminents de cette époque si fertile en grands capitaines, l'un de ces hommes trop rares, dont on peut dire, pour emprunter le langage d'un orateur sacré, que c'était un caractère.

RELATION

DE LA MISSION

DU

LIEUTENANT-GÉNÉRAL COMTE BEKER

AUPRÈS DE

L'EMPEREUR NAPOLÉON

Depuis la seconde abdication jusqu'au passage à bord du Pellérophon

DEUXIÈME ÉDITION — 1876.

AVANT-PROPOS

Cette relation, écrite sous les yeux du lieutenant-général comte Beker, dans les derniers temps de sa vie, est l'expression de ses souvenirs ; elle est appuyée sur ses notes et sur diverses pièces officielles relatives à sa mission auprès de l'Empereur.

Après son retour de Rochefort, le Général n'envoya qu'un rapport succinct au Gouvernement. Cependant, la dernière période de la vie politique de Napoléon, présentant des particularités importantes pour l'histoire, exigeait des développements. La position occupée par le comte Beker permettait de les donner, et c'est pour remplir ses intentions que ce récit est publié.

Le caractère de la mission dont le Général fut chargé, en 1815, ressort du simple exposé des faits que retrace cette narration.

1841.   M. B.

Les écrivains de notre histoire contemporaine ont puisé dans cette relation les détails qu'ils donnent sur cet épisode de la vie de Napoléon I.

1876.

RELATION

DE LA MISSION

DU

LIEUTENANT-GÉNÉRAL COMTE BEKER

AUPRÈS DE

L'EMPEREUR NAPOLÉON

DEPUIS LA SECONDE ABDICATION
JUSQU'AU PASSAGE A BORD DU BELLÉROPHON.

CHAPITRE Ier.

21 juin 1815.

Le désastre de Waterloo venait de jeter la consternation dans Paris, livré aux sourdes agitations et à toutes les rumeurs qui suivent les grandes catastrophes.

La Chambre des Représentants se réunit immédiatement sous la présidence du comte Lanjuinais, et la Chambre des Pairs sous celle du Prince

Archichancelier , pour entendre la communication des sinistres nouvelles parvenues au Gouvernement. Les passions politiques , assoupies jusqu'alors , se réveillèrent dans toute leur exaltation , au moment où il aurait fallu les immoler dans un sentiment commun de haine contre l'étranger. Les deux assemblées se transmettaient réciproquement leurs délibérations. Mais les grands débats se concentraient dans la Chambre des Représentants, où les divers partis commençaient à laisser entrevoir leurs tendances secrètes. Des groupes se formaient dans les bureaux ; on y discutait avec véhémence les conséquences de ce terrible événement, qui exposait , encore une fois, le pays à l'invasion étrangère. Hors de l'enceinte grossissaient des attroupements menaçants ; il fallut prendre une attitude capable d'imposer aux masses dont le patriotisme pouvait être facilement égaré.

Le lieutenant-général comte Beker, membre de la Chambre des Représentants, revêtu des fonctions de Questeur , fut désigné par ses collègues pour commander la Garde chargée de veiller à la sûreté du Corps législatif , et aussitôt il prit les mesures nécessaires pour faire respecter la Représentation nationale. La veille, il avait reçu du Ministre de la guerre un ordre qui l'appelait, au nom de Napoléon, à concourir, avec le général comte Grenier, à la

défense de la capitale (1). Ainsi, dans cet instant où
la patrie était en danger, le général Beker était
investi à la fois de la confiance de l'Empereur et de
celle de la Chambre.

Le 21 juin, depuis quatre heures du matin,
Napoléon était arrivé au palais de l'Elysée. Paris
l'inquiétait, il espérait, au moment de ses revers,
ranimer par sa présence l'élan national et saisir une
dictature indispensable dans ce grand péril. Il oubliait
que sa force était dans l'armée, dont il aurait pu
rassembler les débris épars pour arrêter les progrès
de l'ennemi et intimider les factions à l'intérieur. Des
préventions funestes accueillirent son retour dans la
capitale, où son apparition excita le mécontentement

(1)   Paris, le 20 juin 1815.

LE MINISTRE DE LA GUERRE AU GÉNÉRAL BEKER.

GÉNÉRAL,

J'ai l'honneur de vous informer que, *conformément aux
intentions de l'Empereur*, vous êtes mis à la disposition de
M. le lieutenant général comte Grenier, pour être employé
sous ses ordres à la défense de Paris.

Vous voudrez bien vous rendre sur-le-champ auprès de
cet officier général. Je lui adresse vos lettres de service.

Signé le Ministre de la Guerre,
PRINCE D'ECKMUHL.

et un découragement universel. Son premier soin fut de convoquer autour de lui les Ministres, les grands dignitaires, afin de connaître leurs dispositions avant de se présenter aux Chambres, et d'arrêter de concert les mesures que réclamaient la défense du pays et la conservation de sa couronne. L'Empereur put bientôt se convaincre que le zèle de ses anciens conseillers s'était singulièrement refroidi depuis ses défaites, et que quelques dévoûments avaient faibli autour de sa personne.

Dans cet intervalle, des scènes tumultueuses éclataient dans la Chambre des Représentants, où Lafayette faisait proclamer *traître à la patrie quiconque se rendrait coupable d'une tentative ayant pour but de la dissoudre*. C'était une première atteinte portée par les élus de la nation à l'autorité chancelante de l'Empereur. Néanmoins Napoléon voulut tenter une démarche auprès du Corps législatif ; il y envoya une députation de ses ministres, et leur adjoignit son frère Lucien, dont le courage et le sang-froid, au milieu des orages parlementaires, lui avaient été d'un si grand secours au dix-huit brumaire. Mais c'est en vain que Lucien, Caulaincourt, Davoust tracent avec chaleur le sombre tableau des dangers dans lesquels Waterloo vient de précipiter la France ; c'est en vain qu'ils font sentir l'impérieuse nécessité d'un bras assez puissant pour réunir en un seul faisceau les efforts divisés, et qu'ils énumèrent les immenses ressources qui restent encore disponibles ; plusieurs voix murmurent le mot d'abdication. La Chambre, en proie à mille tiraillements, flotte indécise et finit par arrêter qu'une Commission, formée de Députés choisis dans son sein et parmi les Pairs, devra assister les Ministres pour aviser aux moyens de salut. Ce conseil se réunit immédiatement, et dans ses délibérations, qui se prolongent fort avant dans la nuit, la question de l'abdication est nettement posée.

22 au 25 juin.

Napoléon, surpris par les résistances qui surgissaient de toutes parts, vit avec douleur ses intentions patriotiques méconnues. Lui, qui naguères avait été porté en triomphe aux Tuileries, n'osait plus faire aucun appel aux masses, malgré les cris d'enthousiasme, qui, parfois encore, se faisaient entendre, et il se résignait à une abdication qui lui semblait être le vœu général. Il assembla de nouveau son conseil, dont les membres parurent eux-mêmes pencher vers l'opportunité d'une pareille mesure, si elle était prise spontanément ; persuadés, disaient-ils, que ce grand acte de patriotisme faciliterait la conclusion de la paix générale, à laquelle Sa Majesté ferait obstacle tant qu'elle n'aurait pas déposé le sceptre. Alors Napoléon annonça l'intention d'abdiquer , à condition que, suivant les constitutions de l'Empire, la couronne serait transmise à son fils , et , séance tenante, il dicta une adresse au peuple français , où l'on remarque ces paroles : *Je m'offre en sacrifice à la haine des ennemis de la France..... Ma vie politique est terminée ; je proclame mon fils, sous le titre de Napoléon II, Empereur des Français.*

Depuis le matin, la nécessité de la renonciation de l'Empereur au trône était l'objet des débats de la Chambre des Représentants , lorsque les Ministres vinrent apporter l'acte d'abdication. Le duc d'Otrante, qui, par des manœuvres occultes, avait su se créer une influence mystérieuse dans le Corps législatif , fit aussitôt décréter qu'il serait nommé une Commission provisoire de Gouvernement, dont trois membres seraient pris dans la Chambre des Représentants, et deux dans la Chambre des Pairs. La déclaration de Napoléon fut acceptée par les deux assemblées ; et , comme dernier hommage , une députation alla le remercier du grand sacrifice qu'il venait de faire à la France.

Jusqu'alors la question d'hérédité semblait résolue ; cependant les luttes les plus véhémentes allaient s'engager sur ce nouveau terrain. Plusieurs drapeaux s'agitaient dans la Chambre élective ; les partis divers ne craignaient plus de demander le triomphe de leur cause.. Les Royalistes étaient nombreux et actifs ; les Orléanistes étaient prêts à saisir la couronne en faveur du duc d'Orléans, que sa vie politique, disaient-ils, présentait comme seul capable de rallier les esprits et de terminer la révolution ; quelques sympathies enfin se manifestaient pour la République. Mais la majorité des votes était bien acquise à Napoléon II. Les discours de Bérenger, de Boulay (de la Meurthe) et de plusieurs autres Députés avaient enlevé les suffrages et l'avaient fait proclamer Empereur des Français, en renonçant aux qualifications pompeuses de Roi d'Italie, de Protecteur de la Confédération Germanique, etc.

A la suite de cette reconnaissance, qui avait excité tant de tumulte dans le palais législatif, et qui n'avait pas été explicite au Luxembourg, malgré les paroles chaleureuses de quelques Pairs, on pourvut à la composition du Gouvernement provisoire. Le duc d'Otrante, le général comte Grenier, le général Carnot, le duc de Vicence et le baron Quinette furent investis du pouvoir suprême pendant l'inter-règne ; le mot de régence était écarté ; la Commission, présidée par Fouché, rendait tous ses actes au nom du Peuple Français. Des Commissaires, pris dans le sein des assemblées législatives, furent immédiatement envoyés auprès des souverains étrangers pour les informer officiellement des résolutions adoptées, et pour solliciter la reconnaissance de Napoléon II. Si le nouvel Empereur était reconnu, Napoléon annonçait l'intention de passer aux Etats-Unis et d'abandonner à jamais le théâtre des grands événements qui, depuis vingt-cinq ans, avaient ébranlé l'Europe.

Le nouveau Gouvernement était impatient d'éloigner de Paris l'homme dont le nom pouvait encore servir de ralliement à l'enthousiasme mal éteint. Le duc d'Otrante lui faisait insinuer qu'il était de son devoir, qu'il y allait de sa gloire et des intérêts de son fils, de quitter Paris.

25 juin.

L'Empereur, cédant à ces suggestions, voulut compléter son sacrifice ; il demanda au Gouvernement deux frégates pour se rendre en Amérique, et se retira, le même jour, à la Malmaison, pour y attendre le résultat de cette proposition. Dans cette circonstance, lorsque, pour donner la paix à la France, Napoléon était descendu du trône, la dignité d'une grande nation, l'éclat qu'il avait jeté sur elle pendant son règne, le soin des intérêts du pays, tout imposait aux membres du Gouvernement provisoire l'obligation de ne pas délaisser leur ancien souverain dans un château sans défense, où quelques journées pouvaient amener l'ennemi. La Commission exécutive dut s'empresser de pourvoir à la sûreté de Napoléon, et dut appeler au commandement de sa Garde un homme dont le rang, la position et les antécédents pussent garantir aux Chambres qu'une mission aussi importante serait dignement remplie. Son choix se fixa sur le lieutenant-général comte Beker. Sa qualité de Représentant, ses longs services militaires, ses brillants faits d'armes, sa fermeté de caractère bien connue, tels furent, ainsi que le constatent les pièces officielles, ses titres à cette haute confiance. Les membres du Gouvernement savaient que la loyauté du Général ne transigerait avec aucun parti, que, si son dévouement était mis à l'épreuve, il n'hésiterait pas à sacrifier sa vie pour assurer celle de l'Empereur.

D'ailleurs, après le dernier acte de déférence de Napoléon à des déclarations qui lui semblaient exprimer le vœu de la France, le comte Beker aurait cru manquer de patriotisme en refusant une mission délicate, que l'effervescence des populations, dont l'affection ou la haine étaient également à craindre, pouvait rendre périlleuse.

CHAPITRE II.

25 juin.

Le général Beker était en séance, au palais législatif, lorsqu'un Aide-de-camp du maréchal Prince d'Eckmuhl, Ministre de la guerre, vint lui remettre l'ordre ci-joint :

Le Ministre de la Guerre au général Beker.

Paris, le 25 juin 1815.

GÉNÉRAL,

J'ai l'honneur de vous annoncer que vous avez été nommé au commandement de la Garde de l'Empereur, casernée à Ruel, par arrêté de la Commission du Gouvernement, en date du 23 de ce mois.

J'informe de votre nomination M. le lieutenant-général comte Drouot, qui commande en chef la Garde impériale, et M. le lieutenant-général baron Dériot, qui en est le chef d'état-major.

Recevez, Général.....

Pour le Ministre de la Guerre et par son ordre,

Le Conseiller d'Etat, Secrétaire général,

Bⁿ MARCHAND.

Le prince d'Eckmuhl invitait en même temps le comte Beker à se rendre au Ministère pour y recevoir ses instructions. Arrivé dans le cabinet du Maréchal, le Général exprima son étonnement *d'avoir été désigné pour un poste qui semblait incompatible avec l'accomplissement de ses devoirs à la Chambre des Représentants. Il y avait d'ailleurs, ajouta-t-il, une foule d'officiers-généraux de retour de l'armée, dont la présence serait peut-être plus agréable à Sa Majesté, puisqu'ils venaient de défendre sa cause sur le dernier champ de bataille.* — *Je ne puis rien changer aux dispositions prises par le Gouvernement, répondit le Ministre, il a compté sur votre fidélité, sur votre patriotisme dans cette pénible conjoncture, où il s'agit de protéger les jours de Napoléon. Voici l'ordre que je suis chargé de vous transmettre; vous y lirez la haute opinion que le Gouvernement a de votre caractère; conformez-vous-y, vous verrez ce qu'en dira l'Empereur.*

Le Ministre de la Guerre au général Beker.

Paris, le 25 juin 1815, 4 heures après midi.

MONSIEUR LE GÉNÉRAL,

J'ai l'honneur de vous prévenir que la Commission du Gouvernement vous a nommé pour aller commander la Garde de l'Empereur Napoléon à la Malmaison.

L'honneur de la France commande de veiller à la conservation de sa personne et au respect qui lui est dû. L'intérêt de la patrie exige qu'on empêche les malveillants de se servir de son nom pour exciter des troubles.

Monsieur le Général, votre caractère connu est une garantie pour le Gouvernement et pour la France que vous remplirez ce double but.

Je vous invite à vous rendre de suite à la Malmaison, à vous faire reconnaître par la Garde et à prendre toutes les dispositions pour remplir ce double objet.

Recevez, etc.

Le Maréchal Ministre de la Guerre,
PRINCE D'ECKMUHL.

Cette lettre détermine le sens dans lequel étaient conçues les premières instructions. Le Ministre, affectueux pour le Général qu'il avait honoré de son amitié dans les campagnes de Prusse et de Pologne, lui laissa une entière latitude pour s'opposer à toute surprise qui pourrait être tentée sur la personne de Napoléon.

Engagé dans une grave responsabilité, ne pouvant modifier les vues politiques du Gouvernement provisoire, le comte Beker sortit de l'hôtel du prince d'Eckmuhl, et prit tristement la route de la Malmaison. Il laissait la Capitale dans un état de trouble et d'anxiété. Paris était agité à la fois par les Fédérés qui demandaient des armes dans le but apparent de maintenir l'Empereur à la tête de l'Etat,

et par les Royalistes qui agissaient déjà ostensible-
ment en faveur des Bourbons. Les partis conspiraient
à tous les étages ; mais une sorte de torpeur et de lassitude pesait sur l'esprit public. Enfin, Napoléon déchu, le gouvernement perdait son unité et sa force.

Préoccupé de ces graves événements, le Général
arriva, le 25 juin au soir, à la Malmaison. Il se fit
reconnaître par la Garde ; un officier de service
l'annonça à Sa Majesté, qui le reçut aussitôt dans
son cabinet et s'empressa de lui demander le motif
de sa présence. Le Général s'inclina, et, en lui présentant la lettre du Ministre de la guerre, il lui dit :
*Sire, voici un ordre qui me charge, au nom du
Gouvernement provisoire, du commandement de
votre Garde, pour veiller à la sûreté de votre
personne. — On aurait dû,* répondit l'Empereur,
*m'informer officiellement d'un acte que je regarde
comme une affaire de forme, et non comme une
mesure de surveillance à laquelle il était inutile de
m'assujettir, puisque je n'ai pas l'intention d'enfreindre mes engagements.*

L'attitude du Général Beker devant la personne de
Napoléon trahit les sentiments pénibles qui l'agitaient
en cet instant, et d'une voix émue il ajouta aussitôt :
Sire, c'est dans le but unique de protéger vos jours,

de veiller à votre sûreté, que j'ai accepté cette mission ; si elle ne devait pas obtenir l'assentiment et l'entière approbation de Votre Majesté, je me retirerais à l'instant même. En ce moment, le Général ne put maîtriser son émotion, des larmes lui vinrent aux yeux. Touché des marques d'une sympathie si profonde, l'Empereur s'empressa de lui adresser avec beaucoup de douceur ces paroles bienveillantes : *Rassurez-vous, Général, je suis bien aise de vous voir près de moi ; si l'on m'avait laissé le choix d'un officier-général, je vous aurais désigné de préférence, puisque je connais depuis longtemps votre loyauté.*

Napoléon engagea ensuite le comte Beker à le suivre dans le parc. A peine sorti du vestibule, il lui demanda *ce qu'on faisait et ce qu'on disait à Paris.* Le Général répondit *que les partis qui s'étaient formés raisonnaient diversement de son abdication, et de la proclamation de son fils comme héritier de la couronne ; qu'une fraction de la haute société se disposait à recevoir une seconde fois les étrangers ; mais que les débris de l'armée étaient restés fidèles sous les murs de la Capitale ; qu'une grande partie de la bourgeoisie et tout le peuple parisien paraissaient déterminés à le défendre ; que, si une main puissante pouvait ral-*

lier tous ces éléments et faire un dernier effort pour maintenir sa dynastie à la tête de la nation, rien n'était désespéré.

Ce bulletin de l'état moral de Paris semblait vivement intéresser l'Empereur, qui prolongea la conversation sur le même sujet. La promenade dans le parc de la Malmaison dura près de deux heures, pendant lesquelles Napoléon *cherchait à justifier l'abandon qu'il venait de faire de son armée, après la défaite de Waterloo, en donnant pour raison que cette bataille avait été perdue, parce que,* disait-il, *à commencer par moi, personne n'avait fait son devoir* (ce sont ses propres expressions). *Si, dans cette journée,* ajouta-t-il, *les manœuvres avaient été exécutées comme à Marengo, la bataille était gagnée, et la France était encore une fois sauvée par les effets que cette victoire aurait produits sur l'esprit de la coalition, et notamment en Angleterre.* Le Général Beker prit la liberté de lui faire observer que *les conséquences de cette bataille n'avaient été bien senties qu'après le départ de Sa Majesté de l'armée, tandis qu'en restant à sa tête, elle pouvait encore la rallier dans la direction de Laon ou de Soissons, et rappeler à elle tout ce qu'il y avait de disponible à Paris et aux environs. C'eût été, non dans l'espoir de se rendre* maître des événements de la guerre, les forces étant beaucoup trop inférieures à celles de l'ennemi, mais parce qu'il y a beaucoup plus d'avantages à négocier, les armes à la main. D'ailleurs, les dispositions de la Russie et de l'Autriche, moins hostiles que celles de la Prusse et de l'Angleterre, enfin les rivalités d'intérêt qui divisent ces puissances, auraient sans doute servi la cause de Votre Majesté.

J'espérais, répliqua l'Empereur, *trouver plus d'énergie dans les deux Chambres, et relever par ma présence le courage de la nation; mais je m'aperçois que tout est usé, démoralisé, qu'il n'y a plus à compter sur un peuple que la perte d'une bataille met à la discrétion de l'ennemi.* Le Général répondit à cette explosion de mécontentement, que *les Chambres avaient secondé les premiers efforts du Gouvernement impérial par tous les moyens dont elles pouvaient disposer; que la France, après avoir fait d'immenses sacrifices en hommes et en subsides, devait espérer un résultat différent de celui qui portait atteinte à sa gloire et menaçait sa nationalité. — Vous ne connaissez pas*, reprit Napoléon, *les ressorts et les détails de cette grande affaire; j'ai été contrarié, trompé en arrivant. Je n'ai pas voulu profiter de l'enthousiasme, qui m'a* accueilli à mon retour de l'île d'Elbe, pour nationaliser la guerre, parce que j'ai toujours eu les guerres civiles en aversion. *Cette considération,* lui dit le général Beker, *justifie sans doute les actes les plus notables de votre Gouvernement, mais n'explique pas votre retour à Paris; car le prestige qui environne le souverain à la tête de son armée disparaît quand il se présente sans gardes, devant une assemblée nationale disposée à voir en lui l'auteur des désastres qui attirent l'ennemi pour la seconde fois dans la Capitale. Si la campagne n'était plus tenable, Votre Majesté pouvait se retirer à Metz ou à Strasbourg, avec l'élite de sa Garde. Ces deux places pouvaient se défendre pendant plusieurs mois; dans l'intervalle, on aurait négocié avec les Empereurs de Russie et d'Autriche. En abdiquant en faveur de votre fils, en s'abandonnant à leur magnanimité, vous aviez au moins trois mois de sécurité, pendant lesquels l'attitude des Français, les efforts de l'armée et de nouveaux incidents auraient probablement changé la face des affaires; et Votre Majesté aurait singulièrement embarrassé son beau-père, l'Empereur d'Autriche, si, en faisant abnégation d'elle-même pour sauver nos institutions, elle se fût mise à sa discrétion.* A peine eut-il prononcé ce dernier mot d'un avis qu'il croyait compatible avec sa position et avec les intérêts de la France, que l'Empereur effleurant familièrement de la main la joue du Général, ajouta en riant: *Vous ne connaissez pas ces gens-là* (1).

26 juin.

Telle fut la réponse qu'obtinrent ces observations, qui parurent néanmoins avoir fixé l'attention de Napoléon. Car le lendemain matin, dans le parc, il revint sur les idées émises la veille, par ces mots : *Vous croyez donc, Général, que j'aurais mieux fait de me réfugier à Metz ou à Strasbourg que de venir à Paris? — Oui, Sire*, répondit le comte Beker, *puisque Votre Majesté reprend la conversation au point où nous l'avions laissée hier, il paraît que mon avis a germé dans son esprit, et qu'il eût été bon de le suivre. En prenant ce parti, vous gagniez du temps, vous suspendiez le sort de la France par votre présence à l'armée et par vos négociations, et votre position n'aurait jamais été plus fâcheuse qu'elle ne l'est devenue, tant pour Votre Majesté qui se condamne à l'exil, que pour nous qui allons subir le joug étranger, avec toutes les horreurs d'une guerre civile, si l'on veut nous ramener à l'ancien régime.*

(1) Cette conversation avait si vivement frappé le Général, qu'il la consigna dans ses notes, au sortir même de l'entrevue.

Quoique cette conversation embrassât le présent et l'avenir, l'Empereur semblait, bien moins que son interlocuteur, affecté de sa position. Il parut un instant avoir oublié son empire, pour ne songer qu'aux moyens de passer en Amérique; car il termina ce dialogue par ces mots: *J'ai demandé deux frégates avec des passe-ports pour me rendre aux Etats-Unis. Encore faut-il que je puisse y arriver sans tomber au pouvoir de mes ennemis. Si on accède à ma demande, je renonce aux affaires publiques, et je pars immédiatement pour cette destination.*

Les principaux traits de cet entretien si remarquable furent relatés dans la dépêche du 26 juin adressée par le général Beker au prince d'Eckmuhl.

Dépêche du Général Beker au Ministre de la Guerre.

A la Malmaison, le 26 juin 1815.

Monseigneur,

D'après les ordres de Votre Altesse, je me suis rendu hier soir à la Malmaison pour y prendre le commandement de la Garde de l'Empereur.

Sa Majesté, sans paraître étonnée de l'objet de ma mission, m'a seulement fait observer *qu'on aurait dû l'informer officiellement de cette disposition, attendu qu'elle la regardait comme une affaire de forme, et non comme une mesure de surveillance, à laquelle il était inutile de l'assujettir, puisqu'elle n'avait pas l'intention d'enfreindre ses engagements.*

Après m'avoir questionné sur la marche du Gouvernement provisoire, sur les dispositions des deux Chambres, et sur l'esprit de la Capitale, Napoléon répliqua à mes réponses opposées à ses espérances : *Qu'on me donne les deux frégates que j'ai demandées, et je pars à l'instant pour Rochefort; encore faut-il que je puisse me rendre convenablement à ma destination, sans tomber au pouvoir de mes ennemis.*

J'ai remarqué dans la longue conversation que j'ai eue avec lui, qu'il appréhende les prétentions de l'ennemi sur sa personne. C'est pourquoi il lui tarde de sortir de France, afin d'échapper à cette catastrophe, *dont l'odieux*, m'a-t il dit, *retomberait sur la nation.*

Mon installation n'a pas souffert la moindre difficulté. Il n'y a ici que trois cents hommes de la Garde impériale, tout compris. — Je prie Votre Altesse de me transmettre les ordres du Gouvernement sur ma conduite ultérieure, quand l'Empereur partira.

Le Lieutenant-Général Comte BEKER.

Après avoir prononcé, dans le parc, les paroles qui annonçaient sa résignation à un exil volontaire, Napoléon, suivi du Général, rentra dans les appartements, où beaucoup d'anciens serviteurs l'attendaient, les uns pour lui rendre un dernier hommage, d'autres pour protester de leur dévoûment inaltérable à sa personne, en le conjurant de ne point abandonner l'armée qui le réclamait avec chaleur ; quelques-uns même ne rougirent pas de solliciter des secours, des récompenses, lorsqu'il n'était plus en son pouvoir d'en accorder.

Ces mouvements avaient duré toute la nuit du 25 au 26, quoique l'Empereur ne fût plus accessible jusqu'au lendemain matin. Les allées et les venues se prolongèrent pendant cette journée. C'étaient des enquêtes perpétuelles sur les résolutions prises par Sa Majesté, ou qu'elle prendrait, d'après les différents rapports qui arrivaient sans cesse sur l'état des affaires. La tâche imposée au dévoûment du général Beker n'était point facile; il lui fallait veiller, observer, se tenir en garde contre toutes les tentatives qui pouvaient compromettre la sûreté de l'Empereur, ou favoriser son enlèvement de la Malmaison. Quelques officiers avaient agité la question de le rendre malgré lui-même à l'armée, impatiente de lui voir défendre la cause qu'elle avait embrassée de nouveau avec tant d'ardeur, pendant les trois derniers mois où il avait gouverné la France. Napoléon connaissait les démonstrations de ses troupes, et l'influence de son nom sur leur esprit. Il était également informé des dispositions du Gouvernement provisoire et des progrès des Royalistes. Mais, soit par respect pour ses engagements, ou par conviction de l'inutilité de la lutte, soit par faiblesse dans une circonstance qui exigeait de l'énergie et surtout une prompte résolution, il ne voulut rien entreprendre sans l'assentiment de la Commission exécutive, à laquelle il fit, tant par l'organe du comte Beker que par d'autres voies, diverses propositions. Ces démarches restèrent sans effet, parce que la Commission, les deux Chambres et la Capitale, séduites par les proclamations des étrangers annonçant qu'ils ne faisaient la guerre qu'à Napoléon, se flattaient qu'une heureuse transition du gouvernement de Bonaparte à celui des Bourbons accomplirait les destinées de la France, et replacerait l'Etat dans la position où il était avant le retour de l'île d'Elbe. Les promesses fallacieuses des souverains alliés avaient favorisé leur marche à travers nos provinces, plus que le succès de leurs armes.

L'Empereur, à son arrivée à la Malmaison, avait été reçu par la princesse Hortense et ses enfants. Tout, dans ce séjour, devait lui retracer le souvenir des jours prospères qu'il y avait passés avec Joséphine. La Reine de Hollande l'entourait constamment de sa tendresse filiale ; son dévoûment pour l'Empereur était sans bornes. Napoléon dînait seul, et dans ces tristes circonstances qui ne permettaient plus ni faste, ni représentation, le général Beker avait l'honneur d'être admis à la table de famille de la princesse. La préoccupation dans laquelle les sombres événements, dont le dénouement approchait à grands pas, avaient jeté les habitants du château, imposait silence aux questions et aux entretiens. Néanmoins la Reine épanchait souvent sa douleur auprès du comte Beker; dans un de ces moments d'intimité dont elle l'honorait, elle lui confia qu'elle avait remis à Napoléon tous ses diamants, comme ressource extrême dans cette situation critique.

Tel était, à la Malmaison, durant ces journées déchirantes, le spectacle auquel avait été associé le général Beker. Les difficultés de sa mission croissaient à chaque instant. Dans le principe, elle n'avait pour objet que de veiller à la sûreté de l'Empereur; mais, dès le 26, le Gouvernement avait jugé son éloignement nécessaire au succès des négociations entamées près des puissances.

Le comte Beker fut rappelé à Paris pour prendre connaissance des modifications que ses premières instructions allaient subir. Il descendit à l'hôtel du prince d'Eckmuhl; le Ministre lui donna aussitôt communication de l'arrêté du Gouvernement provisoire, qui lui enjoignait d'accompagner Napoléon Bonaparte à l'île d'Aix et de rester auprès de sa personne, jusqu'à l'arrivée des passe-ports demandés à l'Angleterre. Il y était dit en outre que deux frégates seraient mises à sa disposition pour le transporter en Amérique.

———

ARRÊTÉ DU GOUVERNEMENT PROVISOIRE.

—

Extrait des minutes de la Secrétairerie d'État.

Paris, le 26 juin 1815.

La Commission du Gouvernement arrête ce qui suit :

ART. 1er.

Le Ministre de la marine donnera des ordres pour que deux frégates du port de Rochefort soient armées pour transporter Napoléon Bonaparte aux États-Unis.

ART. 2.

Il lui sera fourni, jusqu'au point de l'embarquement, s'il le désire, une escorte suffisante sous les ordres du lieutenant-général Beker, qui est chargé de pourvoir à sa sûreté.

ART. 3.

Le Directeur général des Postes donnera de son côté tous les ordres relatifs au service des relais.

ART. 4.

Le Ministre de la marine donnera les ordres nécessaires pour assurer le retour immédiat des frégates aussitôt après le débarquement.

ART. 5.

Les frégates ne quitteront pas la rade de Rochefort, avant que les saufs-conduits demandés ne soient arrivés.

Art. 6.

Les Ministres de la marine, de la guerre et des finances sont chargés, chacun en ce qui le concerne, de l'exécution du présent arrêté.

Signé LE DUC D'OTRANTE, Cte GRENIER, QUINETTE, CAULAINCOURT, duc de Vicence; CARNOT.

Par la Commission de Gouvernement ,

Le Secrétaire adjoint au Ministre Secrétaire d'État,

Signé T. BERLIER.

Son Excellence, devant joindre à la copie de ces pièces ses propres instructions, traça rapidement, sous les yeux du Général, sur une simple feuille sans en-tête imprimée, une lettre qu'il écrivit toute entière de sa main, et qui était conçue dans les termes suivants :

Le Ministre de la Guerre au général Beker.

Paris, le 26 juin 1815.

MONSIEUR LE GÉNÉRAL ,

Je vous transmets copie d'un arrêté de la Commission de Gouvernement qui vous charge d'accompagner l'Empereur Napoléon.

Votre caractère connu est une garantie que vous aurez et que vous ferez rendre à ce Prince les égards et le respect que l'on doit au malheur, et à un homme qui a gouverné pendant plusieurs années notre nation. L'honneur de la

France est intéressé à sa sûreté. — Ainsi vous trouverez dans chaque autorité civile et militaire, dans l'âme de chaque citoyen, les secours que vous pourrez être dans le cas de réclamer pour la sûreté de sa personne.

Il vous sera suffisant de montrer l'arrêté de la Commission de Gouvernement; je ne vous donne pas d'autre instruction.

Le Maréchal, *Ministre de la Guerre*,
PRINCE D'ECKMUHL.

Le Général s'empressa de communiquer ces dépêches à l'Empereur, qui ne songea pas néanmoins à effectuer son départ. Chaque heure lui apportait des avis différents sur la marche des événements : il se flattait toujours de quelque heureuse diversion. A mesure que se discutait la question d'un exil, à mesure que s'évanouissaient les chances favorables, les restes de la Cour impériale se dispersaient rapidement. Dans les rangs éclaircis, on distinguait toujours l'honorable grand-maréchal comte Bertrand, qui continuait à donner toutes les preuves d'une noble fidélité par les soins qu'il consacrait à la personne et aux derniers intérêts de l'Empereur.

27 juin.

Cet état d'incertitude se prolongeait, lorsque, le 27, le général Beker fut mandé à la Commission du Gouvernement; il recevait en même temps les trois dépêches suivantes: les deux premières prescrivaient les mesures dont le Gouvernement chargeait dans cette circonstance le Ministre de la marine et lui ; la troisième en ordonnait la notification à l'Empereur.

Le Ministre de la Guerre au général Beker.

Paris, 27 juin 1815.

Monsieur le Général,

J'ai l'honneur de vous communiquer copie de la lettre que la Commission de Gouvernement a écrite au Ministre de la marine, relativement à l'Empereur Napoléon.

La lecture de cette lettre vous fera sentir, Monsieur le Général, qu'il est de la plus haute importance pour le bien de l'Etat et la sûreté personnelle de Sa Majesté, que vous ne vous sépariez pas de sa personne tant qu'elle restera en rade de l'île d'Aix ; ce qui devra durer jusqu'à l'arrivée de ses passe-ports.

Le Maréchal, Ministre de la Guerre,
PRINCE D'ECKMUHL.

Paris, le 27 juin 1815, à midi.

Le Président de la Commission de Gouvernement

AU MINISTRE DE LA MARINE.

Monsieur le Duc,

La Commission vous rappelle les instructions qu'elle vous a transmises il y a une heure. Il faut faire exécuter l'arrêté el que la Commission l'avait pris hier, et d'après lequel

Napoléon Bonaparte restera en rade de l'île d'Aix jusqu'à l'arrivée des passe-ports.

Il importe au bien de l'Etat, qui ne saurait lui être indifférent, qu'il y reste jusqu'à ce que son sort et celui de sa famille aient été réglés d'une manière définitive. Tous les moyens seront employés pour que cette négociation tourne à sa satisfaction.

L'honneur français y est intéressé; mais en attendant, on doit prendre toute les précautions pour la sûreté personnelle de Napoléon, et pour qu'il ne quitte point le séjour qui lui est momentanément assigné.

Signé le DUC D'OTRANTE.

Pour copie :

PRINCE D'ECKMUHL.

Autre Dépêche du Ministre de la Guerre au général Beker.

Paris, 27 juin 1815.

MONSIEUR LE GÉNÉRAL,

J'ai l'honneur de vous transmettre ci-joint un arrêté (1) que la Commission de Gouvernement vous charge de notifier à l'Empereur Napoléon, en faisant observer à Sa Majesté que les circonstances sont devenues tellement impérieuses qu'il devient indispensable qu'elle se décide à partir pour se rendre à l'île d'Aix. Cet arrêté a été pris autant pour la sûreté de sa personne que dans l'intérêt de l'Etat, qui doit toujours lui être cher.

(1) Cet arrêté dont il est fait mention est le même que celui du 26 juin.

Si l'Empereur ne prenait point une résolution à la notification que vous lui ferez de cet arrêté, vous exerceriez la plus active surveillance, soit pour que Sa Majesté ne puisse sortir de la Malmaison, soit pour prévenir toute tentative contre sa personne.

Vous feriez alors garder toutes les avenues qui aboutissent de tous les côtés vers la Malmaison. J'écris au premier Inspecteur général de gendarmerie et au Commandant de la place de Paris, de mettre à votre disposition la gendarmerie et les troupes que vous pourriez leur demander.

Je vous réitère, Monsieur le Général, que cet arrêté a été entièrement pris pour l'intérêt de l'Etat et la sûreté personnelle de l'Empereur; sa prompte exécution est indispensable. Le sort futur de Sa Majesté et de sa famille en dépend.

Je n'ai pas besoin de vous dire, Monsieur le Général, que toutes ces mesures doivent être prises dans le plus grand secret possible.

Le Maréchal, Ministre de la Guerre,
LE PRINCE D'ECKMUHL.

Pour se conformer au message qui venait de lui être transmis avec ces dépêches, le comte Beker se rendit de nouveau à Paris. Introduit dans le cabinet du comte Berlier, Secrétaire adjoint au Ministre Secrétaire-d'Etat, il apprit que la Commission lui intimait l'ordre de partir le soir même incognito avec l'Empereur, et de l'accompagner à Rochefort. En même temps, le comte Berlier lui remit un passe-port par lequel la Commission exécutive autorisait le général Beker à se diriger vers cette ville, suivi de son secrétaire et d'un domestique. Ce secrétaire devait être l'Empereur. *Le Gouvernement*, dit le comte Berlier, *a trop à cœur le salut de Napoléon pour n'avoir pas songé à tous les moyens propres à favoriser son départ; il a pensé que dans ce voyage un strict incognito, sous votre nom et sous votre protection, serait le moyen le plus certain de le faire arriver sans danger à sa destination.*

Ce document est trop précieux pour l'histoire pour ne pas trouver ici sa place.

La Commission du Gouvernement ordonne à tous les officiers civils et militaires de laisser passer librement M. le comte Beker, lieutenant-général, député à la Chambre des représentants, se rendant à Rochefort, accompagné de son secrétaire et d'un domestique;

Leur enjoint expressément de ne pas souffrir qu'il soit apporté aucun retard, ni mis aucun obstacle à la marche de M. le comte Beker, et de lui prêter au contraire, en cas de besoin, aide et assistance.

Fait à Paris, le vingt-six du mois de juin de l'an mil huit cent quinze.

Le Secrétaire Adjoint au Ministre Secrétaire d'Etat,

T. BERLIER.

Au bas de ce passe-port, entièrement tracé à la

main, était imprimé en cire rouge le cachet du Ministre Secrétaire-d'Etat.

Chaque jour venait donc agrandir l'étendue, accroître l'urgence des services réclamés du comte Beker; à chaque instant, son patriotisme et son dévoûment désintéressé recevaient un nouveau et douloureux appel. Dans ce court trajet qui le séparait de la Malmaison, sa sollicitude s'appesantissait sur la gravité des obligations devant lesquelles la ligne de ses devoirs et l'accueil affectueux qu'il avait reçu de l'Empereur ne lui permettaient plus de reculer. Devant ses yeux se manifestait l'exemple le plus étrange des vicissitudes humaines, puisque celui qui avait commandé à tant de Rois allait être obligé de se réfugier sous le manteau d'un de ses généraux pour s'éloigner à jamais de sa patrie.

Quand il prit entre ses mains les pièces qui lui annonçaient un exil, l'Empereur, lisant les termes du passe-port, dit en souriant: *Me voilà donc votre secrétaire!* — *Non, Sire*, répondit le Général, *vous serez toujours mon Souverain*. Napoléon ne joignit pas d'autres réflexions à la lecture de ces dépêches qui l'avaient étonné un instant, et bientôt s'effaça sur ses traits l'impression qu'elles avaient produite.

28 juin.

Tous ces messages révélaient de la part de la Commission du Gouvernement des dispositions irrévocables. Malgré ces pressantes notifications, Napoléon restait irrésolu. Sa répugnance à quitter la Malmaison se fortifiait de plus en plus; le lendemain matin, 28 juin, il fit appeler le comte Beker, et l'informa des considérations qui suspendaient son départ, n'ayant obtenu ni sauf-conduit, ni garanties suffisantes pour sa sûreté. Il le chargea d'écrire dans ce sens au Maréchal Ministre de la guerre, et ce fut presque entièrement sous sa dictée que fut tracée la dépêche suivante :

Dépêche du général Beker au Ministre de la Guerre.

La Malmaison, 28 juin 1815.

Monseigneur,

Après avoir communiqué à l'Empereur l'arrêté du Gouvernement, relatif à son départ pour Rochefort, Sa Majesté m'a chargé d'annoncer à Votre Altesse qu'elle renonce à ce voyage, attendu que les communications n'étant pas libres, elle ne trouve pas une garantie suffisante pour la sûreté de sa personne. D'ailleurs, en arrivant à cette destination, l'Empereur se considère comme prisonnier, puisque son départ de l'île d'Aix est subordonné à l'arrivée des passe-ports, qui lui seront sans doute refusés pour se rendre en Amérique.

En conséquence de cette interprétation , l'Empereur est déterminé à recevoir son arrêt à la Malmaison , et en attendant qu'il soit statué sur son sort par le duc Wellington , auquel le Gouvernement peut annoncer cette résignation , Napoléon restera à la Malmaison, persuadé qu'on n'entreprendra rien contre lui qui ne soit digne de la nation et de son Gouvernement.

Telle est , Monseigneur , la notification que je suis chargé de vous adresser , et sur laquelle j'attends de nouveaux ordres.

Signé le Lieutenant-Général,
COMTE BEKER.

Le comte Beker ne recevait et n'adressait aucune dépêche sans la soumettre à l'Empereur , qui lui faisait souvent l'honneur de l'appeler dans son cabinet , pour lui demander si aucune instruction supplémentaire concernant son voyage à Rochefort ne lui avait été expédiée. Le Général n'était pas toujours à même de satisfaire cette juste et naturelle curiosité , puisque le Gouvernement provisoire le laissait dans une complète ignorance sur la marche des négociations de ses ambassadeurs auprès des alliés et sur les mesures des Chambres pour maintenir l'ordre dans la Capitale et dans l'Empire. C'était toujours avec une grande douceur de caractère que Napoléon raisonnait de sa situation , de sa renonciation aux affaires publiques et de l'avenir de la France. Il croyait que les souverains exécuteraient fidèlement les promesses stipulées dans les proclamations, répandues avec profusion par leurs armées lorsqu'elles franchirent les frontières, proclamations dans lesquelles ils garantissaient aux Français l'intégrité du territoire, le respect des personnes et des propriétés et le maintien de la Charte.

Durant cet intervalle, la Malmaison avait vu disparaître, d'une manière de plus en plus sensible, la foule jadis si empressée des courtisans de la fortune; ses salons étaient devenus déserts. Dans la journée du 28, quelques personnes arrivaient encore de Paris, mais on n'apercevait plus ni grands dignitaires, ni maréchaux de l'empire, que d'autres intérêts tenaient attachés à d'autres lieux. La solitude du château n'était plus troublée que par l'arrivée ou le départ de quelques officiers supérieurs qui accouraient du champ de bataille, souvent avec les vêtements en désordre, pour informer l'Empereur du dévouement dont l'armée était toujours animée en sa faveur. Ils lui proposaient de se remettre à leur tête, sans égard pour les résolutions du Gouvernement provisoire, qui ne voulait plus admettre de sa part aucune tentative héroïque, dans la crainte de contrarier les négociations avec les Coalisés. Mais l'Empereur se tenait isolé, communiquant peu avec les personnes du dehors; le Grand-Maréchal, qui seul avait un libre accès auprès de sa personne, lui servait d'intermédiaire.

Dans le cours de cette journée, il fut enjoint au général Beker d'aller visiter le pont de Chatou sur la Seine, pour s'assurer de l'exécution des ordres du Ministre de la guerre, donnés à un détachement de la Garde impériale, pour la destruction de ce point de communication, attendu que, dans un moment où l'on était menacé de l'invasion des Prussiens, sa proximité de la Malmaison pouvait compromettre la sûreté de l'Empereur.

Ordre du Ministre de la Guerre au Général Beker.

Paris, 28 juin.

Monsieur le Général,

Vous prendrez une partie de la Garde qui se trouve sous vos ordres à Ruel, et vous irez brûler et détruire complétement le pont de Chatou.

Je fais détruire également par des troupes qui sont à Courbevoie le pont de Besous ; j'y envoie un de mes aides de camp pour cette opération.

J'enverrai demain des troupes à Saint-Germain ; mais, en attendant, gardez-vous sur cette route.

L'officier qui vous porte cette lettre est chargé de m'apporter lui-même le rapport de l'exécution de cet ordre.

M^{al} PRINCE D'ECKMUHL.

Durant ces retards et ces incertitudes le temps s'écoulait, les événements se précipitaient. On pouvait être surpris et on ne résolvait rien. Seulement, quelques préparatifs de départ étaient ordonnés, sans qu'on eût fixé la direction à prendre pour mettre un terme à une si périlleuse situation.

Il était huit heures du soir, quand arriva un message du Maréchal Prince d'Ekmuhl mandant à Paris le général Beker, dont les instructions devaient être complétées. On apprit en même temps la désorganisation de l'armée, la défection de plusieurs officiers-généraux et autres, le défaut d'ensemble et les actes d'insubordination qui éclataient sur beaucoup de points.

Arrivé chez Son Excellence, le comte Beker se croisa dans le vestibule de l'hôtel du Ministre avec un personnage qui sortait d'une conférence qu'il venait d'avoir avec le Maréchal. L'huissier de service ayant annoncé que le Ministre attendait le Général dans son jardin, celui-ci traversa le péristyle, et abordant Son Altesse, lui demanda quelles étaient les instructions nouvelles qu'elle avait à lui communiquer pour l'accomplissement de sa mission. Sans donner suite à cette question : *Connaissez-vous la personne que vous avez rencontrée dans le vesti-*

bule? dit le Maréchal. Sur la réponse négative, il ajouta: *C'est M. le baron de Vitrolles, agent du Roi, qui est venu, de la part de Sa Majesté, me soumettre des propositions que j'ai trouvées acceptables pour le pays. Si les miennes sont agréées, je monterai demain à la tribune de la Chambre des Représentants, pour exposer le tableau de notre situation, et pour faire sentir la nécessité d'adopter les projets que je crois utiles à la cause nationale.*

Vivement impressionné par cette confidence, qui le confirmait dans la crainte du changement prochain des destinées de la France, le comte Beker lui dit: *Je ne puis, Monsieur le Maréchal, vous dissimuler mon étonnement de vous voir prendre une détermination qui doit disposer du sort de l'Empire en faveur d'une seconde restauration. Prenez garde de vous charger d'une si grande responsabilité; il y a peut-être encore des ressources pour repousser l'ennemi, et l'opinion de la Chambre des Représentants ne me paraît pas, après son vote pour Napoléon II, favorable au retour des Bourbons.* Le prince d'Eckmuhl, qui fut complétement éloigné des affaires dès la rentrée de Louis XVIII, était de bonne foi et d'une entière loyauté dans les négociations qu'il n'avait entamées que d'accord avec le Gouvernement provisoire; il était convaincu qu'après les malheurs de la guerre, après les promesses des étrangers, qui ne mettaient à la paix d'autre condition que celle de la retraite de l'Empereur, cette époque de transition d'un règne à un autre était opportune pour débattre et garantir les intérêts du pays.

Le Ministre s'apercevant que le Général ne partageait pas sa manière de voir ne poursuivit pas plus loin cet entretien. Il rentra dans les appartements et lui remit la copie d'un nouvel arrêté du Gouvernement adressé au Ministre de la marine, auquel il était ordonné, vu l'urgence des circonstances, de mettre les frégates à la disposition de Napoléon, sans retard ni délai. Il n'était plus nécessaire d'attendre l'expédition des saufs-conduits.

Copie de la Lettre de la Commission du Gouvernement
AU MINISTRE DE LA MARINE.

Paris, 28 juin 1815.

MONSIEUR LE DUC,

De longs retards ayant eu lieu depuis la demande faite de saufs-conduits pour Napoléon, et les circonstances actuelles faisant craindre pour sa sûreté personnelle, nous nous sommes déterminés à regarder comme non-avenu l'article cinq de notre arrêté du 26 de ce mois. En conséquence, les frégates sont mises à la disposition de Napoléon. — Rien

maintenant ne met obstacle à son départ. L'intérêt de l'Etat
et le sien exigent impérieusement qu'il parte aussitôt après
la notification que vous allez lui faire de notre détermination.

M. le comte Merlin doit se joindre à vous pour cette
mission.

Signé : Les cinq membres de la Commission.

A cette pièce était jointe la lettre originale écrite
sur une feuille volante, et signée par les cinq
membres de la Commission, qui enjoignait au comte
Beker de se conformer aux diverses dispositions
mentionnées.

La Commission du Gouvernement au général Beker.

Paris, 28 juin 1815.

Monsieur le Général,

La Commission vous envoie copie des nouvelles instructions qu'elle donne au Ministre de la marine.

Vous devez, en ce qui vous concerne, vous conformer
entièrement à cette nouvelle disposition et aux précédentes
instructions que vous avez reçues du Ministre de la guerre,
relativement au départ et à la sûreté de la personne de
Napoléon.

Signé LE DUC D'OTRANTE, Cte GRENIER, QUINETTE,
CAULAINCOURT, duc de Vicence; CARNOT.

Le Ministre de la guerre, en ajoutant à ces dépêches
des instructions verbales, réitéra au Général l'ordre

d'accélérer par tous les moyens de persuasion le départ de l'Empereur et le pressa d'instruire Sa Majesté des périls auxquels l'exposait un plus long séjour aux portes de la Capitale.

29 juin.

Le jour naissait à peine, lorsque le comte Beker reprit le chemin de la Malmaison, pour rendre compte à l'Empereur des ordres que le Ministre de la guerre venait de lui transmettre et pour l'instruire de la marche des événements. Un lugubre silence, que les cris des sentinelles troublaient seuls par intervalles, pesait sur cette résidence impériale, maintenant solitaire, et jadis trop étroite pour la cour la plus splendide de l'Europe, quand le drapeau national déployé sur son faîte annonçait la présence du monarque. Les principaux personnages avaient disparu ; la veille, la reine Hortense en pleurs avait fait au chef de sa famille ses derniers adieux.

Le Général en proie aux tristes réflexions que tant d'infortune faisait naître, attendait le réveil de l'Empereur, lorsque, vers quatre heures du matin, arriva le duc Decrès, ministre de la marine. Il venait notifier lui-même à Napoléon le dernier arrêté du Gouvernement provisoire, et l'avertir des dangers qu'un plus long séjour à la Malmaison multiplierait autour de lui, l'avant-garde ennemie pouvant se montrer d'un instant à l'autre. Son éloignement devait au contraire assurer le succès des négociations auprès des souverains alliés, et favoriser l'acceptation des clauses stipulées dans l'intérêt de son fils et de sa famille.

La démarche du Ministre de la marine parut persuader l'Empereur qu'une plus longue hésitation pouvait être fatale, et il se disposait à partir pour Rochefort. Néanmoins, quoique les ordres fussent donnés en conséquence de cette résolution, il céda aux avis de quelques anciens serviteurs qui croyaient encore à la possibilité de changer la face des affaires, et différa son départ de quelques heures pour envoyer le comte Beker à Paris, à l'effet de soumettre de nouvelles propositions au Gouvernement. Il était cinq heures du matin lorsqu'il le fit appeler pour le charger de cette mission. Le Général lui fit observer respectueusement que, *vu sa position, un pareil message serait mieux rempli par un officier de la maison impériale que par lui membre de la Chambre des Représentants et commissaire du Gouvernement, dont les instructions qu'il avait eu l'honneur de soumettre à Sa Majesté se bornaient à l'accompagner.* L'Empereur, dans cet entretien, avait l'épée au côté, le chapeau sous le bras; derrière lui se tenaient debout Madame mère et le cardinal Fesch, récemment arrivés, ainsi que le duc de Bassano et d'autres personnages, lorsqu'il termina par ces mots : *J'ai confiance en votre loyauté, remplissez cette mission à l'instant, vous me rendrez un nouveau service. — Sire*, répondit le Général, *je suis fier de ce témoignage d'une confiance aussi haute, et puisque mon dévoûment peut être utile à Votre Majesté, je ne puis hésiter à obéir à vos désirs.*

Il se jeta immédiatement dans une chaise de poste pour se rendre à Paris. Il arriva au pont de Neuilly; des barricades avaient déjà converti ce passage en obstacles. Il fut obligé de les traverser à ses risques et périls, et de se glisser le long des parapets, exposé à chaque pas à tomber dans la Seine; il atteignit l'autre rive, mais il n'avait plus de voiture à sa disposition. Heureusement, le Commandant du bataillon établi sur ce point lui procura un méchant cabriolet de place. Ce fut dans ce modeste équipage que le dernier ambassadeur du souverain qui avait régné sur le continent européen fit son entrée aux Tuileries.

L'huissier de service l'ayant annoncé à la Commission du Gouvernement, le Général fut aussitôt introduit dans la salle du conseil, où l'on fut étonné de le voir, lorsqu'on croyait déjà que, conformément aux dernièreset pressantes dépêches notifiées par le Ministre de la marine lui-même, il avait pris avec Napoléon la route de Rochefort. Le Général, pour expliquer à la Commission le motif de son retour, s'exprima en ces termes :

L'Empereur m'envoie vous dire que la situation de la France, les vœux des patriotes et les cris des soldats réclament sa présence pour sauver la patrie. Ce n'est plus comme Empereur qu'il demande le commandement, mais comme général dont le nom et la réputation peuvent encore exercer une grande influence sur le sort de l'Empire. Après avoir repoussé l'ennemi, il promet de se rendre aux Etats-Unis, pour y accomplir sa destinée.

La proposition était séduisante dans l'état où se trouvait le pays ; la Commission restait néanmoins silencieuse. Le Président interpella le Général, en l'invitant à s'asseoir à ses côtés, et engagea avec lui un dialogue que les autres membres de la Commission se bornèrent à écouter, sans y prendre aucune part. *Pourquoi, lui dit le duc d'Otrante, vous êtes-vous chargé d'une pareille mission, lorsque vous* deviez presser l'Empereur de hâter son départ, dans l'intérêt de sa sûreté personnelle, que nous ne pouvons plus garantir? Car l'ennemi marche rapidement sur Paris, et les rapports de nos généraux, arrivés ce matin, nous annoncent une grande défection dans l'armée. Tenez, ajouta-t-il, en jetant cette correspondance devant lui, lisez les lettres des généraux Grouchy, Vandamme et autres; vous verrez si un plus long retard n'expose pas Sa Majesté à tomber entre les mains de l'ennemi. Dites-moi donc, continua le duc, qui était avec l'Empereur, lorsqu'il vous a chargé de ce message? Le Général désigna les notabilités; en lui nommant le duc de Bassano, Fouché s'écria: Je vois d'où est parti ce conseil; mais dites à l'Empereur que ses offres ne peuvent être acceptées, qu'il est de la plus grande urgence qu'il parte immédiatement pour Rochefort, où il se trouvera plus en sûreté que dans les environs de Paris.

Puisque vous avez pénétré, répond le comte Beker, le motif qui a déterminé Napoléon à essayer une nouvelle instance, je voudrais au moins être porteur d'un avis du Gouvernement sur le résultat de ma mission. Car si je n'arrive à la Malmaison qu'avec une relation verbale, Sa Majesté pourra douter du zèle et de l'empressement que j'aurai *mis à exécuter son mandat.* Le duc d'Otrante traça précipitamment un billet conçu à peu près en ces termes, à l'adresse du duc de Bassano :

Le Gouvernement provisoire ne pouvant accepter les propositions que le général Beker vient de lui faire de la part de Sa Majesté, par des considérations que vous saurez apprécier vous-même, je vous prie, Monsieur le Duc, d'user de l'influence que vous avez constamment exercée sur son esprit, pour lui conseiller de partir sans délai, attendu que les Prussiens marchent sur Versailles, etc.

Signé LE DUC D'OTRANTE.

Pendant que le Président parlait, agissait, écrivait, au nom du Conseil, sans consulter ses collègues, le général Carnot se promenait d'une extrémité du salon à l'autre ; le duc de Vicence, le général Grenier et le baron Quinette, assis autour de la table, gardaient un profond silence. Le duc d'Otrante seul traitait péremptoirement toutes ces questions politiques, et, comme un dictateur, paraissait régler le sort de la France.

La note écrite, le duc d'Otrante engagea vivement le comte Beker à retourner immédiatement à la Malmaison, pour représenter plus fortement que jamais à l'Empereur l'urgence d'une détermination qui pût accélérer son départ et l'empêcher d'être fait prisonnier, dans son propre palais, par les troupes ennemies.

Comme , dans le principe, ainsi qu'il a déjà été constaté , il n'avait pas été question pour le comte Beker d'accompagner Napoléon à Rochefort, comme il avait été simplement chargé du commandement de sa Garde à la Malmaison, le Général appela l'attention du Président sur ce fait. Il lui exposa qu'*en sa qualité de membre de la Chambre des Représentants, il ne devait être soumis à aucun autre devoir que celui de siéger dans l'assemblée, et qu'il désirait y reprendre ses fonctions, puisqu'on rejetait toutes les propositions que l'Empereur avait cru devoir faire dans l'intérêt de la France.* — *Croyez-vous, Général,* repartit vivement le duc d'Otrante, *que nous soyons ici sur un lit de roses, et qu'il nous soit permis d'adopter des mesures contraires à celles qui ont été suivies jusqu'à ce moment par nos commissaires aux armées? Quelque avantageuses que puissent être les offres de Sa Majesté, nous ne pouvons rien changer à la teneur des arrêtés dont l'exécution vous est confiée. Partez donc promptement et transmettez à l'Empereur l'invariable résolution, prise par nous, de ne plus rien changer aux dispositions qu'ils renferment.*

Pendant cette conversation, les collègues du Président ne rompirent pas une seule fois le silence. Sombres et taciturnes, ils ne semblaient être que simples témoins dans cet entretien. Le Général prit congé des membres du Gouvernement, en promettant de faire ce qui serait humainement possible, pour remplir, à la satisfaction du pays et de l'Empereur, une mission aussi difficile dans son exécution qu'importante par les résultats qu'elle devait amener. Le cœur navré de douleur de n'avoir pu modifier, en faveur de Napoléon, les résolutions de la Commission exécutive, il sortit de la salle. En traversant les salons d'attente, il heurta une foule empressée de généraux, de hauts fonctionnaires, impatients dans cette tourmente de pénétrer l'avenir. On l'entourait, on le pressait, on était inquiet de savoir encore l'Empereur à si peu de distance de la Capitale. *Mais, hâtez-vous*, disaient-ils, *tâchez donc de décider son départ. Tant qu'il sera là, nous ne pourrons rien entreprendre ni pour son avantage personnel, ni pour l'intérêt du pays.* Le général Beker discerna sans peine les dispositions secrètes que couvrait cette sollicitude; il promena autour de lui des regards étonnés; et, sans manifester autrement que par ce langage muet les sensations douloureuses que l'expression de ces sentiments éveillait dans son cœur, il poursuivit son chemin. Il retourna à la Malmaison dans une voiture de la cour mise à ses ordres par le duc de Vicence. Elle le ramena au pont de Neuilly qu'il traversa une seconde fois avec les mêmes dangers et les mêmes difficultés qui l'avaient arrêté la première.

Arrivé dans la cour du château, il remarqua un grand mouvement de trains d'équipage, d'officiers à cheval. Surpris de cette activité inattendue, il s'informa des causes de ces préparatifs, auprès de M. de Montaran, écuyer de service, qui lui apprit que l'Empereur se disposait à monter à cheval pour se rendre à l'armée. Cette détermination était complétement opposée aux instructions du Gouvernement provisoire, lequel avait rejeté les offres faites par Napoléon de se remettre à la tête des troupes, non plus comme Empereur, mais comme simple général, afin de tenter un dernier effort. Le comte Beker invita l'écuyer à attendre de nouveaux ordres de l'Empereur, qui pourrait peut-être modifier ses desseins après avoir pris connaissance des faits qu'il allait lui transmettre.

Peu d'instants après, il fut introduit dans le cabinet de l'Empereur. Napoléon y était seul ; son costume annonçait en effet une intention de départ ; il portait un habit brun, la culotte blanche et des bottes à l'écuyère. *En abordant Votre Majesté d'un air aussi affligé*, lui dit le Général, *je lui fais pressentir que je n'ai pas réussi dans ma mission. Voici un billet pour M. le duc de Bassano, de la part de M. le duc d'Otrante, président de la Commission de Gouvernement. Il expliquera à Votre Majesté les considérations qui s'opposent à l'exécution de ses projets. J'ai demandé ce titre, afin de lui prouver que j'ai fait tous mes efforts, pour faire agréer au Gouvernement provisoire les dernières offres de ses services. Ne voyant plus ici M. le duc de Bassano, je remets ce billet entre vos mains, en vous assurant qu'on est très-pressé aux Tuileries d'apprendre votre départ pour Rochefort. Car il paraît que l'ennemi marche à grands pas sur Saint-Germain et Versailles, que le moindre délai pourrait compromettre votre personne.* Il raconta ensuite tous les détails de la conversation si remarquable qu'il avait eue avec le duc d'Otrante, et dépeignit l'aspect des Tuileries.

L'Empereur étonné de la résistance que son message avait rencontrée auprès de la Commission exécutive, mais sobre de réflexions sur tout ce qui intéressait sa position, sans s'appesantir ni sur la singularité de cette scène, ni sur la bizarre prépondérance que le président s'était arrogée sur ses collègues, dit avec humeur: *Ces gens-là ne connaissent pas l'état des esprits, en refusant ma proposition; on s'en repentira. Donnez en conséquence des ordres pour mon départ; lorsqu'ils seront exécutés, vous viendrez me prévenir.*

Depuis plusieurs jours, les préparatifs de voyage étaient faits, le mode de transport assuré. On se rappelle que d'après les termes du passe-port délivré par le comte Berlier, Napoléon devait partir seul avec le général Beker, dont il serait censé être le secrétaire, et qu'il ne leur serait adjoint qu'un domestique. Ce mystère, cet arrangement singulier semblaient l'avoir contrarié; il était d'autant plus sensible à cette mesure, qu'il n'avait point été consulté à cet égard. Le Général, empressé d'adoucir cette haute infortune, voulant épargner à Napoléon la tristesse d'un si long tête à tête, lui avait proposé, au lieu d'une chaise de poste, une calèche qui lui permettrait d'emmener deux personnes de sa suite. Ce changement agréé, il fit atteler une calèche à quatre places, simple, sans armoiries, traînée par quatre chevaux, deux postillons, un courrier en avant.

Quand tout fut disposé, l'équipage alla s'établir à la petite porte du parc, pour éviter de traverser la cour du château où tous les serviteurs attendaient l'Empe-

reur au passage. Le comte Beker entre alors une dernière fois chez l'Empereur, pour le prévenir que tout
est prêt, que la voiture stationne en dehors du parc.
Napoléon, toujours dans le même costume, sans
proférer une parole, prend son chapeau rond posé
sur son secrétaire, suit le Général et traverse le vestibule, pour entrer dans le jardin, avec un calme et
une sérénité qui arrachent des larmes abondantes à
tous ses serviteurs, à tous ses soldats, qui, dans cette
séparation, voient s'anéantir leur dernière espérance.
Arrivé à la porte du parc, où la calèche l'attend, il y
monte rapidement; le grand-maréchal comte Bertrand s'asseoit à ses côtés; vis-à-vis de lui se place le
duc de Rovigo, et le général Beker en face du Grand-
Maréchal. M. Marchand, premier valet de chambre de
Sa Majesté, s'établit sur le siége, et le 29 juin, à cinq
heures du soir, au milieu d'un silence profond, le
galop des chevaux emporte vers l'exil le monarque
détrôné.

D'autres voitures suivaient à quelque distance, et
tandis que l'Empereur prenait la route de Rochefort
par Rambouillet et Tours, une partie de la suite se
rendait à la même destination par Orléans, de peur
qu'un mouvement trop considérable sur la même
ligne ne donnât l'éveil et n'entraînât quelque retard
ou quelque tentative.

Le Gouvernement avait recommandé au Général de lui annoncer ce départ, dès qu'il serait arrêté. Celui-ci, avant de s'éloigner, avait informé la Commission de cette détermination, dans une courte dépêche au Ministre de la guerre.

Le général Beker au Ministre de la Guerre.

La Malmaison, le 29 juin,
à cinq heures du soir.

MONSEIGNEUR,

J'ai l'honneur de vous informer que l'Empereur va monter en voiture, pour accomplir sa destinée. J'aurai soin d'annoncer à Votre Altesse le jour de notre arrivée à Rochefort, d'où je ne partirai pour revenir à Paris, qu'après avoir vu l'Empereur sous voiles.

Signé le Lieutenant-Général,
COMTE BEKER.

CHAPITRE III.

29 juin.

Napoléon, en quittant la Malmaison, ignorait, ainsi que ses compagnons de voyage, la force de l'armée qui, ralliée par le Major-Général, restait encore fidèle après la perte de cette funeste bataille de Waterloo. Les communications étant interceptées, il ne transpirait que des nouvelles pleines d'alarmes et d'exagérations. Le général Beker n'apprit même qu'à son retour à Paris, lorsque l'Empereur voguait déjà vers Ste-Hélène, que le corps du maréchal Grouchy était arrivé presque intact aux environs de Paris; que chef et soldats se seraient encore sacrifiés pour la cause impériale; qu'il restait, malgré quelques milliers de déserteurs, une masse organisée de soixante et dix mille hommes aguerris ne demandant qu'à combattre pour repousser l'ennemi témérairement avancé sur Saint-Germain et Versailles. Malheureusement cette force, quoique très-dévouée, restait inerte, à la discrétion des émissaires de l'étranger. En proie aux tiraillements de tous les partis, elle attendait dans une sorte de torpeur le sort qui lui était réservé. Si, en effet, la Commission du Gouvernement avait accepté la proposition de l'Empereur, qui s'offrait à ramener l'armée au combat, si lui-même avait eu l'énergique volonté de ressaisir spontanément le commandement, qui peut dire ce qui pouvait surgir de l'enthousiasme national qu'il aurait fait naître, en reparaissant avec tout son prestige à la tête de ses soldats appelant à grands cris leur Empereur pour réparer les malheurs de la France? Mais Napoléon avait perdu son ancienne activité, et parmi ses capitaines il n'y avait peut-être pas un seul homme capable de contenir tous les chefs dans la subordination, plus nécessaire que jamais après de pareils désastres. Les généraux Vandamme, Reille, Excelmans et d'autres faisaient de vains efforts pour arrêter la marche des colonnes ennemies; leurs tentatives isolées n'étaient plus secondées, et les derniers élans de ce mouvement patriotique ne retardèrent que de peu d'instants la capitulation de Paris.

Mais, ainsi qu'on vient de le dire, Napoléon et ses compagnons de voyage ignoraient cette résistance et cette dernière lutte de quelques généraux pour l'indépendance de la patrie. Il est probable que, s'il avait eu connaissance de ces manifestations et de leur puissance, il eût cédé aux cris de l'armée. Ce fut donc dans cette absence complète de nouvelles favorables, qu'il quitta sa résidence et prit la direction de Rambouillet.

Le trajet s'effectua dans le plus grand silence

jusqu'au château, où primitivement on ne devait point descendre, mais où, soit par fatigue, soit dans l'espoir d'un changement de fortune, l'Empereur voulut s'arrêter vers dix heures du soir. Le souper se passa tristement; aucune parole ne fut échangée, le grand-maréchal comte Bertrand avait recommandé de n'adresser aucune question, de se tenir dans une grande réserve et de ne pas provoquer d'explications sur les événements consommés. Mais chacun était trop pénétré de ce sentiment de haute convenance pour vouloir troubler par d'inopportunes réflexions le respect dû à une si grande infortune.

Après le souper, Napoléon se retira dans sa chambre à coucher, où il resta seul enfermé avec le Grand-Maréchal. Il n'avait pas d'abord le projet de passer la nuit à Rambouillet; on était donc étonné, après une assez longue attente, de ne pas voir s'ouvrir la porte de son appartement, quand le comte Bertrand vint annoncer que Sa Majesté, tres-fatiguée, s'était mise au lit, et ne continuerait le voyage que dans la matinée du lendemain. Cette décision arrêtée, le général Beker, ainsi que le duc de Rovigo, et le général Gourgaud arrivé plus tard, s'installèrent dans le salon, jusqu'à ce qu'il plût à l'Empereur de transmettre ses ordres. La nuit s'écoula dans cette attente; on croyait toujours que des nouvelles moins sinistres viendraient relever les espérances et ouvrir les chances d'un sort moins rigoureux.

30 juin.

Ne recevant aucun avis favorable, Napoléon se résolut au départ, et le 30 juin, à onze heures du matin, on se remit en route dans le même ordre que la veille; les équipages de la suite ne devant partir que quelques heures après la calèche. L'espace de Rambouillet à Tours fut franchi avec rapidité, sans qu'aucun incident signalât le trajet. On avait atteint les barrières de cette ville à la pointe du jour.

1er juillet.

L'Empereur envoya le duc de Rovigo prévenir le Préfet d'Indre-et-Loire, M. de Miramont, son ancien chambellan, avec lequel il eut un quart d'heure d'entretien. Puis la voiture relayée poursuivit sa course sur Poitiers, où l'on s'arrêta vers le milieu du jour, pour prendre quelque repos à l'hôtel de la Poste, situé en dehors de la ville.

Napoléon n'avait pas été reconnu jusqu'alors; néanmoins, l'air composé que chacun croyait nécessaire au succès du voyage excitait l'attention des habitants, qui, dans toutes les stations de poste, demandaient des nouvelles de l'Empereur avec une inquiétude marquée. Ces témoignages d'intérêt et de sollicitude, se multipliant pendant le voyage, devaient naturellement alimenter les idées de résistance qui fermentaient toujours dans l'esprit de Napoléon ; ces manifestations d'un culte encore vivant lui inspirèrent des réflexions qui pouvaient le détourner de la ligne que lui avait tracée le Gouvernement provisoire.

Avant de partir de Poitiers, il invita le général Beker à expédier un courrier au Préfet maritime de Rochefort pour l'engager à venir à sa rencontre. Il désirait connaître l'état des frégates mises à sa disposition, et s'entendre avec lui sur la possibilité et sur les moyens de sortir de la rade de l'île d'Aix, et de se rendre aux Etats-Unis. Le courrier fut expédié conformément à ses désirs, et précéda de peu d'instants le mouvement de la calèche sur la ligne de Niort.

Cette partie du trajet fut marquée par un incident qui faillit mettre en danger la personne de l'Empereur et sa suite. Au bourg de St-Maixent, la population, attirée par le spectacle d'une voiture à quatre chevaux, s'était précipitée autour d'elle à son arrivée devant l'hôtel de la Poste, et se livrait à des investigations importunes pour découvrir la qualité des voyageurs. Déjà un officier de la Garde nationale avait emporté à l'Hôtel-de-Ville le passe-port du comte Beker. Comme, ainsi qu'on l'a vu, cette pièce était tracée à la main et différait par sa forme de tous les passe-ports ordinaires, comme de plus on n'y avait mentionné qu'un secrétaire et un valet de chambre, elle fixait l'attention particulière des officiers municipaux en permanence à la Commune. Dans l'intervalle, le rassemblement grossissait et l'inquiétude commençait à pénétrer dans la calèche, quand un heureux hasard fit reconnaître au général Beker, dans un groupe de curieux, un officier de gendarmerie auquel il fit signe d'approcher. Il le pria de se rendre sur-le-champ à l'Hôtel-de-Ville pour lui rapporter son passe-port, attendu qu'il était chargé d'une mission d'Etat qui ne lui permettait aucun retard. L'officier revint un instant après, remit le passe-port avec un laissez-passer de la Municipalité, et contribua vivement par son influence à faire reculer la foule et à dégager la voiture qui ne tarda pas à disparaître.

A dix heures du soir, elle entrait à Niort, dans un modeste hôtel du faubourg Saint-Maixent, à la Boule-d'Or. Personne dans la ville ne se doutait de cet événement. Vers minuit, le duc de Rovigo se rendit auprès du préfet du département, M. Busche,

pour lui annoncer l'arrivée de Napoléon à Niort, et
la probabilité d'un séjour pendant une partie de la
journée du lendemain. Cet administrateur, qui, dans
cette circonstance critique, donna toutes les preuves
d'un dévoûment absolu, témoigna sa surprise à M. le
Duc de ce que *Sa Majesté était descendue dans
une auberge, lorsqu'elle pouvait disposer de l'hôtel
de la Préfecture.* Le duc de Rovigo répondit que
*Napoléon fatigué s'était mis au lit, mais qu'il lui
avait donné l'ordre de voir le Préfet, et de lui
dire qu'il le recevrait à quatre heures du matin,
pour lui faire connaître ses intentions.* Après avoir
fait quelques questions sur l'esprit public des habitants et de la garnison, après avoir acquis la certitude que Sa Majesté était à l'abri de tout danger, il
se retira, priant le Préfet de tenir cette entrevue
secrète, et refusant l'offre de faire exercer une
surveillance sur la maison où était descendu l'Empereur.

2 juillet.

Le 2 juillet, au soleil levant, Napoléon était debout
à une croisée, regardant avec intérêt quelques cava-
liers qui donnaient les premiers soins à leurs chevaux. Il fut reconnu par l'un d'entre eux; le nom
de l'Empereur circula dans toutes les bouches. Sur
ces entrefaites arriva le Préfet qui fut reçu aussitôt.

Cédant à ses vives instances, l'Empereur consentit à se rendre à la Préfecture, monta avec lui dans sa voiture et alla s'installer dans les appartements qui lui avaient été préparés dans la nuit, et où le grand-maréchal comte Bertrand, le duc de Rovigo et le général Beker ne tardèrent pas à le rejoindre. L'Empereur déjeûna seul dans sa chambre; dans la matinée, il eut plusieurs entrevues particulières avec M. Busche. Appuyé sur deux régiments de cavalerie, il voulut prolonger son séjour dans la ville, et parut s'abandonner encore au hasard d'une heureuse éventualité.

A son arrivée à la Préfecture, on avait demandé au Grand-Maréchal ses ordres pour une garde: deux vedettes de cavalerie devaient être placées à la porte de l'hôtel. Il fut répondu que le bon esprit de la population devait rendre toute précaution inutile, que d'ailleurs l'intention de Sa Majesté était de ne recevoir aucun honneur.

Cette nouvelle inattendue s'était répandue avec rapidité dans la ville: de nombreux groupes se formèrent sous les fenêtres de l'hôtel, demandant à grands cris l'Empereur. Il se refusa constamment à paraître au balcon, et fit dire par le comte Bertrand qu'il serait inutile d'insister. Vainement le Préfet et d'autres personnes pénétrèrent dans les groupes pour les engager à se dissiper ; la foule ne cessait de réitérer ses manifestations.

Dans la journée arrivèrent successivement le roi Joseph, la comtesse Bertrand et ses enfants, le général Gourgaud, ainsi que le chef des mouvements du port de Rochefort, qui portait la réponse du Préfet maritime à la dépêche expédiée la veille de Poitiers. Les renseignements apportés par cet officier sur la station anglaise devant les pertuis Breton et d'Antioche, seuls points praticables à la sortie des bâtiments de guerre, présentèrent tant de difficultés pour le départ des frégates, que Napoléon invita le général Beker à les signaler au Gouvernement par la dépêche suivante, rappelant en même temps les propositions déjà faites et refusées de se remettre à la tête des armées et de faire un dernier effort contre les alliés, dans l'intérêt de la France.

Rapport du Général Beker au Gouvernement provisoire.

Niort, le 2 juillet 1815.

Pour accélérer la remise de mon rapport au Gouvernement provisoire, j'ai l'honneur de l'informer directement par un courrier extraordinaire, que l'Empereur est arrivé la nuit dernière à Niort, bien fatigué et très-inquiet du sort de la France.

Sans être reconnu, Napoléon a été très-sensible à la curieuse inquiétude avec laquelle on demandait de ses nouvelles, sur son passage. Les démonstrations d'intérêt lui ont fait dire à plusieurs reprises : *Le Gouvernement connaît mal l'esprit de la France, il s'est trop pressé de m'éloigner de Paris, et s'il avait accepté ma dernière proposition, les affaires auraient changé de face. Je pouvais exercer, au nom de la nation, une grande influence dans les affaires politiques, en appuyant les négociations du Gouvernement par une armée à laquelle mon nom aurait servi de point de ralliement, etc.*

Arrivée à Niort, Sa Majesté a été informée par le Préfet maritime de Rochefort que, depuis le 29 juin, l'escadre anglaise, en doublant sa croisière et sa vigilance, rendait la sortie des bâtiments impossible. Dans cet état de choses, l'Empereur *désire que le Ministre de la marine autorise le Capitaine de la frégate qu'il montera, à communiquer avec le Commandant de l'escadre anglaise, si des circonstances extraordinaires rendent cette démarche indispensable, tant pour la sûreté personnelle de Sa Majesté que pour épargner à la France la douleur et la honte de la voir enlevée de son dernier asile, pour être livrée à la discrétion de ses ennemis.*

Dans cette circonstance difficile, nous attendons avec anxiété des nouvelles de Paris. Nous avons l'espoir que la Capitale se défendra, et que l'ennemi vous donnera le temps de voir l'issue des négociations entamées par vos Ambassadeurs, et de renforcer l'armée pour couvrir Paris (Cette phrase et la suivante m'ont été dictées par l'Empereur). *Si dans cette situation, la croisière anglaise empêche les frégates de sortir, vous pouvez disposer de l'Empereur comme général, uniquement occupé du désir d'être utile à la patrie.*

Signé le Lieutenant-Général,

COMTE BEKER.

A Niort, se renouvelait l'attitude d'inaction et d'expectative à laquelle l'Empereur semblait ne pouvoir se soustraire. Il sollicitait toujours à Paris des ordres qu'il n'osait plus dicter lui-même. La ville présentait quelques symptômes d'agitation ; les nouvelles de la Capitale, le voisinage de la Vendée exaltaient les esprits. Le général Beker employa son influence sur l'un des colonels, pour l'engager à détourner ses soldats de tout projet d'ovation, qui déplairait à Sa Majesté, puisqu'elle avait à plusieurs reprises refusé même de recevoir des officiers supérieurs sollicitant la faveur de lui être présentés. Il conseilla à Napoléon de sortir d'une situation précaire, que la proximité de la Vendée, récemment encore en armes, rendait de plus en plus périlleuse, en partant le plus tôt possible pour Rochefort, où il serait à l'abri des tentatives des divers partis contre sa personne, et où il posséderait toute liberté d'action, pour suivre les plans que lui suggèreraient les événements. M. Busche adressa dans le même sens ses propres observations à l'Empereur, qui prit la résolution de quitter Niort le lendemain aux premiers rayons du jour.

3 juillet.

A quatre heures du matin, Napoléon descendait le perron de l'hôtel de la Préfecture, et remerciait le Préfet de sa généreuse réception ; il s'aperçut de son attendrissement, et lui prit de nouveau la main qu'il lui serra d'une manière affectueuse. Au moment où il monta dans la voiture, les cris de *vive l'Empereur! Restez avec nous !* éclatèrent avec force au milieu du peuple rassemblé, mais il fit signe de la main aux postillons, et la calèche s'éloigna avec rapidité. A cheval à côté de la portière, le Colonel de la Gendarmerie, en grand uniforme, manifestait son dévouement.

L'Empereur, reconnu pendant le trajet, était salué par toute la population accourue sur son passage. Il admirait, chemin faisant, les travaux d'assainissement qu'il avait fait exécuter pour fertiliser les marais de cette contrée, à cette époque couverte de meules de foin. *Vous voyez*, disait-il, *que les populations me savent gré du bien-être que j'ai créé dans leur pays; que partout où je passe, je reçois encore les bénédictions d'un peuple reconnaissant.*

Le 3 juillet, à huit heures du matin, Napoléon franchissait les portes de Rochefort, et atteignait la plage d'où la patrie devait lui adresser ses derniers adieux. Il laissait derrière lui cette France qu'il avait illuminée des reflets de sa gloire, et qui maintenant s'affaissait sous le poids des revers. Sans doute ces amères vicissitudes devaient oppresser sa poitrine, pendant ce long voyage qui l'avait transporté de la Malmaison à Rochefort; sans doute de lourdes pensées devaient peser sur son front; mais jamais, durant le trajet, son visage ne trahit la moindre émotion, jamais son attitude ne cessa d'être calme et digne. Un morne silence régnait dans la voiture; chacun était assoupi ou feignait de l'être; nul n'osait interrompre le cours des réflexions de l'Empereur.

Cet état de pénible contrainte n'était suspendu que dans les rares stations que faisait la calèche. Taciturne et courbé sur lui-même, Napoléon n'échangeait que quelques phrases entre-coupées avec ses compagnons de voyage, et alors on s'apercevait que sa pensée planait encore sur l'avenir, que son imagination, bercée d'illusions, se flattait encore de pouvoir maîtriser les événements. Jamais le nom de l'Impératrice et celui du Roi de Rome ne sortirent de sa bouche. Il craignait sans doute de s'attendrir, et voulait recueillir toutes ses forces. Souvent il puisait dans une tabatière du général Beker, sur laquelle était un portrait remarquable de Marie-Louise, sculpté en ivoire; il prit une fois la boîte entre ses mains, l'examina un instant, puis la rendit, sans proférer une parole.

Ainsi s'accomplit la seconde partie de ce drame historique, dont la première avait eu la Malmaison pour théâtre, et dont la dernière allait finir à bord du Bellérophon.

CHAPITRE IV.

5 juillet.

A Rochefort, l'Empereur s'installa dans l'hôtel de la Préfecture maritime, où M. le baron de Bonnafoux le reçut avec tous les honneurs dus à son Souverain. Pendant toute la durée de son séjour, les habitants de la cité, les officiers de terre et de mer rivalisèrent de zèle pour manifester le culte qu'ils avaient voué à sa personne. C'était à qui proposerait des moyens de salut et se dévouerait pour les réaliser. Le bruit de l'arrivée de Napoléon jeta la ville dans une émotion profonde. La population guidée par ce mot magique, *l'Empereur !* envahit le jardin de la Préfecture, et inonda le port qu'il domine. Elle le demandait à grands cris et avec tant d'instances que, vers le soir, il crut devoir céder aux acclamations de la foule. Il parut un instant sur la terrasse, accompagné de sa suite et du Préfet maritime ; il salua avec bienveillance, et, au silence religieux qui avait accueilli son apparition, succéda un élan d'enthousiasme frénétique plusieurs fois répété.

Napoléon paraissait encore sensible à ces témoignages d'affection populaire ; une sérénité sublime éclairait son visage. Plusieurs fois il fut obligé de satisfaire l'impatience du peuple, et, chaque fois, c'étaient de nouveaux transports qui éclataient avec le même entraînement.

Cette première journée s'écoula, ainsi que les suivantes, dans l'expectative des événements qui, dans le même temps, se consommaient à Paris, par la capitulation du 3 juillet. Les passe-ports tant désirés et attendus n'arrivaient pas; les perplexités et les incertitudes allaient donc se renouveler plus vivement que jamais.

Dans la rade mouillaient, sous la protection des batteries de l'île d'Aix, les deux frégates la Saal et la Méduse, que le Gouvernement provisoire avait mises à la disposition de l'Empereur. Elles étaient sous le commandement du capitaine de vaisseau M. Philibert, dont le pavillon flottait à bord de la Saal; il avait sous ses ordres le capitaine de frégate M. Poné, commandant la Méduse.

Le premier soin du Général, conformément aux désirs de l'Empereur, fut de convoquer à l'hôtel de la Préfecture un conseil formé d'officiers supérieurs et d'anciens marins, parmi lesquels on distinguait le vieil amiral Martin, homme d'une grande expérience, afin de délibérer sur les mesures les plus propres à favoriser le passage de Napoléon aux Etats-Unis. Il fut reconnu que la croisière anglaise ayant, depuis le 29 juin, doublé le nombre de ses bâtiments, il était impossible aux deux frégates de sortir des pertuis Breton et d'Antioche, sans tomber au pouvoir de l'ennemi. Il fallut donc créer d'autres voies, et l'intervalle qui s'écoula du 3 au 8 juillet ne fut consacré qu'à la discussion des modes de transport sur des bâtiments légers, que le Préfet maritime était autorisé à équiper dans ce but.

4 au 8 juillet.

Le général Beker, à la suite de ces premières délibérations, instruisit, par une dépêche datée du 4 juillet, le Gouvernement provisoire de l'arrivée de Napoléon à Rochefort et des projets proposés.

Rapport du général Beker au Gouvernement provisoire.

Rochefort, le 4 juillet 1815.

J'ai l'honneur d'informer la Commission du Gouvernement que l'Empereur est arrivé hier, à huit heures du matin, à Rochefort, recevant de la part des habitants des contrées que nous avons traversées, les témoignages de leur respect, de leurs regrets et de leur enthousiasme pour sa personne.

Immédiatement après notre arrivée à Rochefort, les officiers supérieurs de la marine ont déclaré qu'il était impossible de sortir de la rade de l'île d'Aix, tant que les

Anglais entretiendraient une si nombreuse croisière à la vue de nos bâtiments.

En conséquence de cette opinion du Conseil, on fait préparer une corvette dans la Gironde, et l'on arme un brick, afin de profiter d'une de ces deux occasions, si les croiseurs, en se fixant devant les pertuis, découvrent l'embouchure de la Gironde, pour favoriser la sortie de la corvette.

Comme le succès de cette manœuvre n'est rien moins que certain, il est instant d'obtenir des passe-ports, que les Anglais intéressés au départ de Napoléon ne peuvent plus refuser. Le prince Joseph, venu incognito à Niort pour embrasser son frère, en est reparti pour Saintes, d'où il se rendra dans une campagne de l'intérieur de la France, en attendant que le sort de sa famille soit déterminé. Ce prince a été compromis par un Garde-du-Corps qui a provoqué une émeute contre lui et quelques personnes de la suite de l'Empereur, à leur passage à Saintes pour se rendre à Rochefort. Le mouvement a été dissipé par la Garde nationale, qui a fait relâcher les personnes et les équipages.

L'Empereur est parfaitement en sûreté à Rochefort; il ne se montre pas, quoique les habitants manifestent le désir de le voir pour lui exprimer leurs sentiments de reconnaissance pour tout ce qu'il a fait anciennement en faveur de cette contrée.

Nous espérons toujours que M. Otto obtiendra des passe-ports, et en attendant qu'ils arrivent, on se met en mesure de courir les chances les plus favorables à la sûreté de l'Empereur.

Signé le Lieutenant-Général,
Cte BEKER.

Le conseil d'amirauté s'assemblait tous les jours; l'Empereur assistait à toutes ses séances, prenant une part active à ses discussions. Dans l'une d'elles, l'amiral Martin signala le capitaine Baudin (1), commandant une corvette dans la rivière de Bordeaux, comme le seul homme capable de conduire Sa Majesté saine et sauve dans l'Amérique du Nord. Il fut aussi question de bâtiments neutres; toutes les ressources dont on pouvait user dans cette conjoncture difficile furent mises en évidence, mais on restait incertain sur le choix du parti qui offrait le plus de chances heureuses. Plusieurs propositions furent tentées infructueusement auprès de l'Empereur par quelques jeunes marins déterminés; les moyens parurent trop faibles, trop insuffisants; il fallut donc y renoncer, et écouter celles d'un capitaine, d'origine française, M. Besson, qui commandait un bâtiment danois en chargement à l'île d'Aix.

Il offrait de transporter l'Empereur en Amérique, avec une suite peu nombreuse, s'il voulait se confier à son honneur. Cette offre sourit à Napoléon qui cependant voulut attendre encore, sans la rejeter ni l'approuver complétement.

Tous ces projets, soumis à son acceptation, tant

_____

(1) Plus tard vice-amiral.

par la marine française que par les neutres, ne produisirent d'autre résultat que d'entretenir une irrésolution, toujours fondée sur l'espoir d'un changement de fortune. La fatalité semblait d'ailleurs poursuivre l'Empereur; car pendant son séjour à Rochefort, les éléments furent constamment contraires aux tentatives projetées. Si les vents avaient favorisé la sortie des deux frégates avant l'apparition du vaisseau le Bellérophon, qui ne s'embossa dans la rade des Basques que le 10 juillet, elles pouvaient échapper aux croiseurs anglais, puisque la *Saal* et la *Méduse* avaient la réputation d'être les meilleures voilières de notre marine. Toutes les mesures étaient donc rejetées, moins encore par suite d'accidents fortuits, que par défaut de résolution. On rêvait aux moyens de passer aux Etats-Unis, tandis qu'on perdait un temps précieux en discussions inutiles. A peine une décision paraissait-elle arrêtée, qu'elle était remplacée par une nouvelle disposition en sens contraire. Une certaine apathie qui s'était emparée des facultés de Napoléon et sa défiance du succès lui firent abandonner successivement les diverses propositions des marins, quoiqu'il eût, sans doute pour la première fois de sa vie, consulté tous les hommes qui pouvaient lui indiquer les moyens de mettre sa personne en sûreté (1).

(1) Rien ne donne une idée plus juste des impressions sous lesquelles

8 juillet.

Cet état de perplexité et d'inaction devenait à chaque instant plus critique, par suite des événements qui se pressaient autour de Paris, quand une estafette apporta au général Beker la réponse du Gouvernement provisoire à sa dépêche de Niort :

Dépêche du Ministre de la Guerre au général Beker.

Paris, 4 juillet 1815.

Général,

La Commission du Gouvernement vous a donné des ins-

on vivait à Rochefort à cette époque, que ces lignes tracées par le général Beker dans une lettre qu'il adressait le 6 juillet à sa famille.

Rochefort, 6 juillet 1815.

C'est aujourd'hui le troisième jour de notre arrivée à Rochefort, sans perspective d'en sortir, tant que la croisière anglaise occupera toutes les issues. Point de nouvelles de Paris ni de passe-ports à la faveur desquels on puisse se réfugier dans un pays quelconque. Cette incertitude de l'avenir prolonge notre anxiété, et je ne vois aucune chance favorable au départ de l'Empereur. Nous attendons notre sort de Paris, dans l'espoir que le Gouvernement provisoire, en stipulant pour la France, obtiendra aussi des conditions qui assurent à la famille impériale un asile et des moyens d'existence. Il me tarde d'apprendre le sort de notre malheureuse patrie et celui de l'infortuné Monarque dont la garde m'a été confiée. Cet état de choses peut encore durer plusieurs jours, sans que notre position en devienne meilleure, à moins que l'attitude de l'armée et de la capitale n'en impose à l'ennemi et ne l'oblige à reconnaître le gouvernement du choix de la nation. Comme nous sommes loin du théâtre des événements, il n'est guère possible de former une conjecture sur les dispositions des alliés envers la France. Je n'ai pour le moment d'autre désir que celui de voir l'Empereur en sûreté, et si mes vœux s'accomplissent, je serai dégagé d'un grand sujet d'inquiétude, etc.

Général BEKER.

tructions relativement au départ de France de Napoléon Bonaparte.

Je ne doute point de votre zèle pour assurer le succès de cette mission.

Dans l'intention de la faciliter autant qu'il dépend de moi, je prescris aux généraux commandant à la Rochelle et à Rochefort de vous prêter main-forte, et de seconder de tous leurs moyens les mesures que vous aurez jugé convenable de prendre pour exécuter les ordres du Gouvernement.

Pour le Maréchal Ministre de la Guerre,

Le Conseiller d'Etat, Secrétaire général,

Bon MARCHAND.

La Commission du Gouvernement au général Beker.

Paris, 4 juillet 1815.

MONSIEUR LE GÉNÉRAL BEKER,

La Commission du Gouvernement a reçu la lettre que vous lui avez écrite de Niort, le 2 juillet. Napoléon doit s'embarquer sans délai.

Le succès de nos négociations tient principalement à la certitude que les puissances alliées veulent avoir de son embarquement, et vous ne savez pas jusqu'à quel point la sûreté et la tranquillité de l'Etat sont compromises par ces retards. Si Napoléon avait pris son parti de suite, nous avons sous les yeux un rapport du Préfet maritime de Rochefort, où il est dit que le départ n'eût pas été impossible le 29.

La Commission met donc la personne de Napoléon sous votre responsabilité. Vous devez employer tous les moyens de force qui seraient nécessaires, en conservant le respect qu'on lui doit. Faites qu'il arrive sans délai à Rochefort, et faites-le embarquer aussitôt. Quant aux services qu'il offre, nos devoirs envers la France et nos engagements avec les puissances étrangères ne nous permettent pas de les accepter, et *vous ne devez plus nous en entretenir.* Enfin, la Commission voit des inconvénients à ce que Napoléon communique avec l'escadre anglaise. Elle ne peut accorder la permission qui est demandée à cet égard.

Signé LE DUC D'OTRANTE, Cte GRENIER, QUINETTE, CAULAINCOURT, duc de Vicence ; CARNOT.

Ces dépêches, qui ne pouvaient laisser aucun doute sur les tendances et les intentions du Gouvernement, redoublèrent les incertitudes de l'Empereur. Etonné de ce que le Général restait neutre dans toutes les discussions qui avaient trait à son départ, en s'abstenant de toute réflexion faite à haute voix, Napoléon, attachant sur lui ses regards, lui dit : *Que pensez-vous de tout ceci, général Beker ? tout le monde me donne ici des avis, excepté vous. — Je ne suis point en position de donner des conseils à Votre Majesté,* lui répondit-il, *parce que je vois qu'il y a diverses chances à courir. J'aurais à me reprocher l'influence de mes avis sur la résolution à prendre, si la direction que j'indiquerais, au lieu de conduire en Amérique, faisait tomber votre personne au pouvoir de ses ennemis. Le seul avis que je me permettrai de lui donner, c'est de prendre une prompte détermination, et d'exécuter ensuite le plus rapidement possible le projet auquel on aura donné la préférence. Le sort de la France étant malheureusement consommé, il faut s'attendre à ce que le Gouvernement envoie des agents à votre poursuite. Dès lors, la scène change ; mes pouvoirs, que je ne tiens que d'une Commission provisoire, cessent, et Votre Majesté court de nouveaux dangers, dont il serait difficile de prévoir la suite.* L'émotion avec laquelle le Général prononça ces dernières paroles produisirent une vive impression sur l'esprit de l'Empereur, qui dit en souriant: *Mais, Général, quoi qu'il arrivât, vous seriez incapable de me livrer. — Votre Majesté sait en effet,* repartit le comte Beker, *que je suis prêt à donner ma vie pour protéger son départ ; mais, en me sacrifiant, je ne la sauverais pas. Le même peuple qui se presse tous les soirs sous vos fenêtres, et vous oblige à vous montrer à sa curiosité, proférerait demain des cris d'un autre genre, si la scène venait à changer. Alors votre sûreté serait compromise, et les commandants des frégates, recevant les ordres des Ministres du roi Louis XVIII, méconnaî-*

*traient les miens et rendraient votre salut impos-
sible. — Eh bien!* ajouta l'Empereur, *puisqu'il en
est ainsi, donnez l'ordre de préparer les embarcations pour l'île d'Aix.*

Le Général arrêta sur-le-champ les dispositions
nécessaires, dispositions d'autant plus faciles que
les mesures étaient assurées d'avance pour toutes les
éventualités. Avant de partir, il informa le Gouvernement de cette décision par le rapport suivant :

Rapport du général Beker à la Commission du Gouvernement.

Rochefort, le 8 juillet 1815.

J'ai déjà rendu compte à la Commission du Gouvernement
que l'Empereur, arrivé à Rochefort le 3 au matin, n'attendait qu'une circonstance favorable pour mettre à la voile.
Mais les vents contraires et les croiseurs anglais qui ont
doublé leurs forces et leur vigilance ne permettent à aucun
bâtiment de sortir des pertuis.

Dans cet état de choses, Sa Majesté ne recevant pas les
passe-ports qu'elle attend, et se voyant abandonnée à sa
propre détermination, se rendra ce soir à l'île d'Aix, pour
se rapprocher des frégates, et se trouver en mesure de les
aborder, si les vents voulaient tant soit peu favoriser leur
sortie.

Quant à la personne de l'Empereur, que Votre Excellence met de nouveau sous ma responsabilité, par sa dépêche
du 4 dernier, toutes les précautions sont prises pour garantir
Napoléon contre les entreprises de ses ennemis. Sa Majesté

est ici au milieu d'un peuple reconnaissant pour les travaux qu'elle y a fait exécuter, et les sentiments des troupes de terre et de mer ne laissent rien à désirer sur leur respect pour leur ancien souverain.

Quelque difficile que soit ma mission, sous le double rapport de mes obligations envers l'Empereur et envers le Gouvernement, je les remplirai, j'espère, à leur satisfaction respective, en prenant pour règle de conduite les principes avoués par l'honneur.

Signé le Lieutenant-Général,

Cte BEKER.

Les principes de l'honneur dirigèrent constamment, comme on le voit, la conduite du général Beker, qui traçait cette dépêche officielle, au moment où l'étranger foulait le sol de la Capitale, au moment où la France changeait de maître. Après avoir expédié ce message, il donna les derniers ordres.

Le soir même, au milieu d'une foule immense, des voitures conduisirent l'Empereur et sa suite au bourg de Fourras, où il monta dans le grand canot de la Saal, avec le grand-maréchal comte Bertrand, le duc de Rovigo, le général Beker et le général Gourgaud. Les autres personnes furent réparties sur des chaloupes, suivant le classement tracé d'avance pour éviter toute confusion, et l'on se dirigea vers la rade de l'île d'Aix. Mais au lieu de débarquer dans

l'île, comme il en avait manifesté l'intention au moment de quitter Rochefort, Napoléon fit aborder la
frégate la Saal, qu'il atteignit le 8 juillet, à huit heures du soir, sous un beau ciel, mais avec un grand
frais qui incommoda plusieurs passagers, sans affecter
sa personne. On n'était point prévenu à bord, de sorte
que la garde du navire eut à peine le temps de se
mettre sous les armes pour lui rendre quelques honneurs militaires; le canon ne salua point son arrivée.

L'installation s'exécuta à la hâte, avec toute la
confusion d'une surprise. La salle du conseil fut
convertie pour l'Empereur en chambre à coucher,
dont le général Beker occupa lui-même, faute
d'espace, un compartiment qui n'en était séparé que
par une simple toile. Les ombres de la nuit s'abais-
sèrent bientôt sur la frégate et redoublèrent, après
ces premiers moments d'agitation, l'angoisse et
l'anxiété que faisait naître dans tous les cœurs
l'imminence du dénouement encore inconnu qui
allait décider du sort d'une si grande infortune.

9 juillet.

L'âme de Napoléon ne dut point rester étrangère
à l'inquiétude générale; car dès la pointe du jour,
il était levé et annonçait l'intention de se rendre à
l'île d'Aix. Peu d'instants après, deux canots de la

Saal portaient sa personne et sa suite au rivage. Les sentinelles, dont les regards étaient sans cesse fixés sur les bâtiments de guerre, ont signalé l'approche de Sa Majesté, et officiers et soldats se précipitent vers la plage. L'Empereur se dirige vers la ville ; son escorte grossit à chaque pas ; les habitants de la cité lui font cortége à leur tour ; partout, sur son passage, éclatent des transports d'amour et d'enthousiasme, et dans les rangs pressés de la foule retentit le cri : *A l'armée de la Loire !* En proie à une émotion bien marquée, Napoléon fend les flots de ce peuple que sa vue exalte, et gravit les degrés des forts qu'il se plaît encore à faire passer sous ses yeux. Il s'arrête devant les immenses travaux qu'il avait fait exécuter sur la fin de son règne, tant pour protéger les bâtiments de guerre au mouillage, que pour favoriser le cabotage entre la Rochelle, Rochefort et Bordeaux. Dans cette revue, il était accompagné par toute la garnison empressée à lui prodiguer les démonstrations de son dévouement. Il semblait encore dans la plénitude de sa puissance, distribuant aux officiers du génie et de l'artillerie les éloges qu'il croyait devoir leur adresser pour le parfait état de défense qu'ils avaient assuré à l'île. Il passa devant le front du 14ᵉ régiment de marine rangé en bataille ; il commanda lui-même les manœuvres ; puis, escorté par la garnison toute entière, il regagna les canots.

De retour à bord de la frégate, l'Empereur y trouva le Préfet maritime, **M.** le baron de Bonnafoux, qui attendait pour remettre au général Beker une nouvelle et pressante dépêche du Gouvernement provisoire, laquelle réitérait l'ordre d'accélérer le départ de Napoléon, et autorisait à communiquer avec les Anglais.

Dépêche du Ministre de la Marine au général Beker.

Paris, le 6 juillet 1815.

Général,

Vous trouverez ci-joint un arrêté du Gouvernement relatif au départ de l'Empereur, et qui est de nature à ce que je n'aie rien à ajouter aux dispositions qu'il contient.

Parvenez, je vous prie, à lui faire prendre sa détermination définitive le plus tôt possible.

Vous remarquerez que, s'il veut aller à bord de la croisière anglaise ou directement en Angleterre, le Préfet maritime de Rochefort reçoit ordre de mettre à sa disposition un parlementaire; mais il est expressément recommandé que ce parlementaire ne soit expédié, pour le remettre à cette destination, qu'autant qu'il en aura fait la demande formelle par écrit; il en est de même de son départ pour les Etats-Unis par un aviso, si on croit qu'il puisse réussir; mais, pour ce cas encore, il faut que l'Empereur en fasse la demande par écrit.

Je vous adresse copie de la lettre que j'écris à ce sujet au Préfet maritime de Rochefort.

Les moindres retards peuvent avoir les suites les plus fâcheuses; car qui peut répondre que ces dispositions, prises dans l'intérêt de sa sûreté personnelle, n'éprouveraient pas sous peu des contrariétés insurmontables?

Signé DUC DECRÈS.

P. S. Il est bien entendu que, si le départ des deux frégates est possible, il n'est rien changé aux ordres précédemment donnés pour le conduire aux Etats-Unis par cette voie.

Paraphé D. D.

Copie de la dépêche du Ministre de la Marine au Préfet maritime.

Paris, 6 juillet 1815.

Monsieur le Préfet maritime,

Il est de la plus haute importance que l'Empereur quitte le plus tôt possible le sol de la France.

L'intérêt de l'Etat et la sûreté de sa personne l'exigent impérieusement.

Si les circonstances ne permettent pas qu'il parte sur les frégates, il sera peut-être possible à un aviso de tromper les croisières anglaises, et, dans le cas où ce moyen lui conviendrait, il ne faut pas hésiter à en mettre un à sa disposition, pourvu qu'il puisse partir dans les vingt-quatre heures.

Si ce moyen ne lui convient pas, et qu'il préfère se rendre à bord des bâtiments de la croisière anglaise, il est invité à vous en adresser la demande formelle et positive par écrit, et, dans ce cas, vous mettrez sur-le-champ un parlementaire à sa disposition pour suivre celle de ces deux destinations qu'il aura demandée.

Il est indispensable qu'il ne débarque pas sur le territoire français, et c'est ce que vous ne pourrez trop prescrire au commandant du bâtiment sur lequel il se trouve ou sur lequel il passera.

Je vous adresse un arrêté du Gouvernement qui vient d'être pris à ce sujet, et je l'adresse en même temps au général Beker. Les dispositions qu'il contient sont telles que je n'ai rien à y ajouter. Au surplus, je vous recommande de lever, en ce qui dépendra de vous, toutes les difficultés sur son départ. Je ne puis trop vous répéter que ce départ est de la plus grande urgence.

Cependant il ne devra partir sur un aviso pour les Etats-Unis, ou par un parlementaire pour la croisière anglaise ou l'Angleterre même, à son choix, qu'autant qu'il en aura fait la demande la plus positive par écrit, et cette restriction, dont le général Beker lui donnera connaissance, lui fera assez sentir qu'un des grands motifs de l'urgence de son départ se fonde sur l'intérêt de sa sûreté personnelle.

Si le parlementaire est envoyé, vous rédigerez l'ordre de son expédition suivant l'usage.

Je joins ici un extrait de l'arrêté de la Commission, que vous joindrez aux instructions du commandant dudit parlementaire pour lui servir de règle de conduite.

Cet extrait, vous le remettrez au Commandant de l'aviso, qui devra aller aux Etats-Unis, si l'Empereur choisissait ce parti.

Vous aurez soin de désigner, pour commander ces bâti-

ments, un bon officier qui sache allier la fermeté aux
procédés les plus délicats.

Signé DUC DECRÈS.

P. S. Il est bien entendu que si le départ des deux frégates
est possible, il n'est rien changé aux ordres précédemment
donnés pour le conduire aux Etats-Unis par cette voie.

Paraphé D. D.

Extrait des Minutes de la Secrétairerie d'Etat.

—

ARRÊTÉ DU GOUVERNEMENT PROVISOIRE.

Paris, 6 juillet 1815.

Vu l'urgence des circonstances et le haut intérêt attaché à
ce que Napoléon Bonaparte quitte sur-le-champ le territoire
français, tant sous les rapports de sa sûreté personnelle,
que sous ceux de la raison d'Etat,

ARRÊTE :

ART. 1er. Le Ministre de la Marine réitérera les ordres
qu'il a donnés pour l'embarquement et le départ immédiat
de Napoléon, sur les deux frégates destinées à cette mission.

ART. 2. Si par la contrariété des vents, la présence de
l'ennemi ou par toute autre cause quelconque, le départ
immédiat des deux frégates était empêché et qu'il fût
probable qu'on réussirait à effectuer le transport de

Napoléon par un aviso, le Ministre de la marine donnera des ordres pour qu'il en soit mis un sans délai à sa disposition, sous condition que ledit aviso partirait dans vingt-quatre heures au plus tard.

Art. 3. Mais si par les contrariétés que ce transport peut éprouver sur un aviso, Napoléon préférait être conduit immédiatement soit à bord d'une croisière anglaise, soit en Angleterre, le Préfet maritime du cinquième arrondissement lui en donnera les moyens, sur sa demande écrite, et dans ce cas, il sera mis sur-le-champ à sa disposition un parlementaire.

Art. 4. Dans tous les cas, le Commandant du bâtiment destiné à porter Napoléon ne pourra, sous peine de haute trahison, le débarquer sur aucun point du territoire français.

Art. 5. Si le Commandant du bâtiment était forcé de relâcher sur les côtes de France, il prendrait toutes les mesures de sûreté nécessaires pour que Napoléon ne pût débarquer. Au besoin, il requerrait les autorités civiles et militaires de lui prêter main-forte.

Art. 6. Le général Beker, sur la responsabilité duquel ont été mises la garde et la personne de Napoléon, ne devra le quitter qu'en dehors des pertuis; et si Napoléon a demandé à être transporté à bord de la croisière anglaise, ou en Angleterre, il ne devra le quitter qu'après qu'il l'aura remis à bord de ladite croisière ou débarqué en Angleterre.

Art. 7. Tant que le général Beker sera à bord du bâtiment destiné au transport de Napoléon, le Commandant dudit bâtiment sera à ses ordres, et déférera à toutes réquisitions qui lui seront faites par ledit Général, relativement à l'objet de sa mission, et dans le sens du présent arrêté.

Art. 8. Le Ministre de la marine est chargé de l'exécution du présent arrêté et de sa transmission au général Beker, qui devra se conformer, en ce qui le concerne, aux dispositions qu'il renferme.

Signé LE DUC D'OTRANTE, président; Cte GRENIER, CAULAINCOURT, duc de VICENCE, CARNOT.

Par la Commission de Gouvernement:

Pour le Secrétaire-Adjoint au Ministre Secrétaire d'État,

Signé QUINETTE.

Pour copie conforme:

Le Ministre de la Marine et des Colonies,

Signé DUC DECRÈS.

Cet arrêté traçait minutieusement au comte Beker la ligne de ses devoirs; tous les pouvoirs étaient concentrés dans ses mains; sur lui seul allait peser la responsabilité des mesures importantes auxquelles étaient attachées les destinées de l'Empereur, et peut-être celles de la France. Mais dans cette dernière période, comme dans les circonstances précédentes, Napoléon fut seul l'auteur de sa perte, par ses incertitudes et ses hésitations.

D'après les injonctions de ces dépêches qui ne permettaient plus de compter sur l'arrivée des passe-ports, qui interdisaient toute proposition contraire aux instructions qu'elles contenaient, une péniche fut expédiée pour l'île de Rhé, afin de connaître, par le résultat des signaux, le nombre des bâtiments anglais, ainsi que leurs points de station dans les pertuis Breton et d'Antioche.

Sans arrêter aucune mesure, Napoléon n'envisageant qu'avec une secrète aversion tout projet qui devait lui faire abandonner la terre de France en fugitif, croyant plus digne de lui d'aller réclamer l'hospitalité sur une plage ennemie, voulut s'assurer de l'accueil que lui feraient les Anglais, et résolut d'envoyer un parlementaire à bord de leur escadre.

L'arrêté du Gouvernement exigeant une demande par écrit, le Grand-Maréchal adressa dans ce sens, au nom de l'Empereur, la lettre suivante:

Le grand-maréchal comte Bertrand au général Beker.

La Saal, le 9 juillet 1815.

GÉNÉRAL,

L'Empereur me charge de vous demander d'envoyer un parlementaire à bord de la croisière anglaise, conformément aux instructions que vous avez reçues, pour savoir si les saufs-conduits demandés pour notre voyage aux Etats-Unis sont arrivés.

Signé le Grand-Maréchal,

Cte BERTRAND.

Ce ne fut que sur un ordre écrit, émanant du général Beker, que le capitaine Philibert consentit à mettre à cet effet un bâtiment léger à la mer.

10 juillet.

Sur ces entrefaites, l'aspirant chargé d'une reconnaissance le long des côtes revint à bord de la frégate, le 10 juillet de grand matin. Son rapport confirma les craintes conçues sur la force de la croisière, et ne changea rien à l'irrésolution de l'Empereur dans le choix des partis qu'il devenait urgent de prendre, lorsque des moyens maritimes étaient encore à sa disposition. La démarche auprès des Anglais fut seule tentée, et le bâtiment des parlementaires cingla vers l'escadre ennemie.

Cette mission avait été confiée au duc de Rovigo et au comte de Las-Cases. Ils devaient demander au commandant de la croisière *s'il avait reçu les saufs-conduits que le Gouvernement provisoire avait espéré obtenir pour le passage de l'Empereur aux Etats-Unis.* Ils revinrent à deux heures du soir avec l'assurance *qu'aucun ordre particulier concernant Sa Majesté n'avait été adressé aux croiseurs anglais ; que, si elle adoptait le parti de se rendre à leur station, le Commandant serait flatté de la recevoir. Cependant,* ajoutait-il, *la proposition étant d'une nature extraordinaire et de la plus haute importance, il se croyait obligé d'en référer à son amiral en croisière dans la baie de Quiberon; il lui fallait trois ou quatre jours pour obtenir ses instructions. Tout bâtiment neutre devait être visité; tout navire qui voudrait forcer le passage, attaqué et coulé bas.*

Le résultat de ces démarches parut peu propre à faire naître et à entretenir des conjectures favorables à la position de l'Empereur, si, pour dernière ressource, il était obligé de se livrer à l'ennemi. On revint dès-lors aux tentatives d'évasion déjà discutées, on songea de nouveau à s'embarquer sur un bâtiment léger, dont la sortie, par des voies obliques, pouvait offrir quelques chances de succès.

Les difficultés croissaient à chaque instant, la surveillance des Anglais, tenue en éveil depuis l'envoi des parlementaires, allait devenir plus sévère, car le vaisseau le Bellérophon n'avait pas tardé à se rapprocher des côtes, et, dans la soirée de ce jour, à s'embosser dans la rade des Basques. Le passage était donc fermé désormais aux deux frégates; il fallait encore renoncer à un moyen de salut ouvert jusqu'alors, à moins qu'un grand acte de courage et d'héroïsme n'annulât la disproportion des forces. Ces périls, toujours croissants, exaltèrent en effet le patriotisme du capitaine Poné, commandant la Méduse. Il offrit de se dévouer lui et son équipage. La frégate devait pendant la nuit à la faveur des ténèbres attaquer le Bellérophon, le saisir à l'ancre, s'attacher à ses flancs, et soutenir avec lui un combat inégal, sans doute fatal pour la Méduse ; tandis que la Saal, profitant de la brise qui règnerait après le coucher du soleil, et des avaries qu'une pareille lutte aurait fait subir au vaisseau anglais, aurait franchi les passes, et, emportant César et sa fortune, aurait pu atteindre l'Amérique. Mais la répugnance du capitaine Philibert pour un projet aussi aventureux, qui mettait en danger des navires placés sous sa responsabilité, l'éloignement de Napoléon lui-même pour une tentative qui exigeait le sacrifice de tout un équipage pour sa personne, firent rejeter un dessein digne néanmoins d'être consigné dans les fastes de notre marine.

11 juillet.

La nécessité de prendre un parti devenait de plus en plus imminente ; l'on songea au capitaine Baudin, déjà désigné à Rochefort par le vice-amiral Martin. Le 11 juillet, le général Lallemand fut envoyé sur une péniche à bord de la corvette la Bayadère, en rivière de Bordeaux, pour reconnaître la possibilité de se rendre à cette destination, soit par terre, soit par mer en suivant les marées, pour savoir enfin si le capitaine était en état de conduire et d'exécuter une pareille entreprise. On devait attendre le retour du général Lallemand, avant de prendre une résolution ultérieure.

Les conférences se poursuivaient toujours avec des chefs de bâtiments nationaux et neutres. Plusieurs propositions furent échangées, principalement avec le capitaine danois, M. Besson, qui tenait son navire disponible, mais qui ne pouvait admettre une suite dont le nombre aurait trahi la présence de l'Empereur.

Les journées s'écoulaient ainsi en pourparlers, en conseils, sans qu'aucune résolution fût adoptée. A bord de la Saal se répétaient les incertitudes signalées à Rochefort et à la Malmaison. Cet affaiblissement d'énergie et d'activité ne doit point surprendre; car les souffrances physiques auxquelles Napoléon était en proie durent amortir la vigueur de son esprit et de son caractère. Ainsi qu'il a été dit, le général Beker occupait un compartiment qui n'était séparé de la chambre à coucher de l'Empereur que par une simple toile (1); il pouvait donc saisir sans peine les

(1) A bord de la Saal, l'Empereur ayant appris que le général Beker manquait de linge, s'était empressé de mettre le sien à sa disposition.

moindres mouvements de Napoléon. Souvent il entendait les plaintes que lui arrachait une infirmité douloureuse qui le tourmentait déjà à Waterloo, puisque dans cette fatale journée, elle ne lui permit pas de se porter avec son activité habituelle sur les divers points du champ de bataille.

12 juillet.

Sur ces entrefaites arrivèrent, le 12, de grand matin, les journaux français du 7 et du 8 juillet, qui annonçaient la dissolution du Gouvernement provisoire et des deux Chambres, l'entrée des Alliés dans la Capitale, les proclamations du roi Louis XVIII et son rétablissement aux Tuileries. Ces nouvelles produisirent une sensation profonde sur l'esprit de l'Empereur et sur ceux qui l'entouraient.

La position était devenue plus précaire que jamais; le général Beker fit sentir à Sa Majesté l'urgence d'une détermination prompte et décisive, pour soustraire sa personne aux dangers inévitables qui la menaceraient désormais. Napoléon était bien convaincu de cette nécessité; il fit embarquer une partie de sa suite à bord du brick l'Epervier et de la goëlette la Sophie, avec les gros bagages, en manifestant l'intention de se rendre à la croisière anglaise.

Toutefois, une vague espérance l'attachait au

rivage, il voulut attendre encore ; dans ces moments si critiques, la frégate ne lui offrait plus assez de sécurité. L'île d'Aix, dont il se rappelait les transports, était à ses yeux un asile plus certain ; il y débarqua, dans la matinée, avec les principaux personnages de sa suite. Le général Lallemand pouvait d'ailleurs apporter d'un instant à l'autre des avis plus favorables que ces délais permettraient de suivre. Le dévouement des troupes se manifesta par le même élan d'enthousiasme, à la vue de leur ancien souverain qui venait chercher un refuge sur le rocher confié à leur garde. Napoléon alla occuper la maison du génie militaire où il prit quelques heures de repos, et où il reçut, à son réveil, tout le corps des officiers avec la même bienveillance et le même intérêt qu'au temps de sa puissance. Cette journée s'écoula, comme les précédentes, dans l'attente des événements.

13 juillet.

Cet état de perplexité durait encore le lendemain matin, lorsqu'arriva le prince Joseph pour confirmer l'accomplissement des changements survenus à Paris, et pour déterminer son frère à s'attacher à un parti quelconque, avant que les ordres des ministres du Roi ne vinssent mettre l'embargo sur les bâtiments de l'Etat, et rendre tout moyen de salut impraticable.

Pendant cette conférence entre les deux frères, le général Lallemand revint de sa mission, et en exposa le résultat dans les termes suivants à l'Empereur: *La corvette la Bayadère était toujours à ses ordres dans la rivière de Bordeaux, alors moins surveillée par les Anglais que ne l'étaient les passages des pertuis. Le capitaine Baudin était parfaitement armé, équipé, approvisionné, et se faisait fort de conduire l'Empereur au bout du monde. Indépendamment de ce mode de transport, on pouvait monter un bâtiment américain en partance pour les États-Unis, et dérober le départ aux croiseurs anglais, etc.* Quoique cette combinaison d'une évasion à bord de la Bayadère fût véritablement la meilleure suivant l'opinion des officiers de marine, déjà consultés à ce sujet pendant le séjour à Rochefort, elle ne fut cependant pas adoptée, parce qu'il fallait entrer dans la rivière la Seudre, et parcourir ensuite quatre lieues dans les terres, depuis la Tremblade jusqu'à Royan, afin d'éviter de doubler le cap de Maumusson, qui allongeait la navigation sans diminuer les périls qu'entraînait la direction de cette ligne. Outre cette considération, le drapeau blanc flottait déjà au-dessus de la contrée qu'il fallait traverser, ce qui rendait ce passage dangereux pour la sûreté de Napoléon, et pouvait faire échouer complétement le seul projet jugé praticable par les marins. On renonça donc définitivement à une évasion sur la Bayadère, et le roi Joseph, après avoir adressé un dernier adieu à son frère, retourna le même jour à Rochefort.

Dans l'intervalle, une proposition hardie et généreuse avait été soumise au grand-maréchal comte Bertrand par M. Genty, lieutenant de vaisseau. Deux petits bâtiments de cabotage mouillaient dans la rade de l'île. Le lieutenant s'offrait, avec quelques officiers du 14e régiment de marine, à équiper et à monter ses navires, pour y recevoir l'Empereur et sa suite. L'obscurité de la nuit permettrait de fuir inaperçus devant la croisière anglaise, en longeant les côtes jusqu'à la hauteur de la Rochelle, pour, de là, gagner la pleine mer. Comme une navigation de long cours était impossible à des constructions aussi frêles, on devait forcer à prix d'argent le premier bâtiment de commerce qui serait rencontré à prendre à son bord l'Empereur et les siens, et à se diriger vers les Etats-Unis.

Ce projet fut aussitôt approuvé, et agréé d'autant plus facilement qu'on pouvait faire concourir ce plan avec celui du capitaine danois. Les deux navires furent achetés pour le compte de l'Empereur, tous ceux qu'il fallut initier au secret rivalisèrent

de zèle pour en presser l'armement. Les frégates
fournirent une partie du gréement nécessaire. Tout
fut disposé pour le départ qui devait enfin s'effectuer
dans la nuit du 13 au 14 juillet. A onze heures du
soir, les deux chasse-marées commandés et servis
par des officiers et sous-officiers de marine étaient
à la voile, déjà chargés d'une portion des effets
précieux. La majeure partie de la suite devait être
répartie sur leur bord, tandis que Napoléon devait
monter le bâtiment danois, accompagné seulement
de son fidèle Grand-Maréchal, des généraux duc de
Rovigo, Lallemand, Gourgaud et de M. Marchand.
Les ordres relatifs à l'embarquement étaient exécutés ;
ce projet qui paraissait être le dernier, semblait près
de s'accomplir.

Mais autour de l'Empereur, les préparatifs de
départ avançaient avec moins de célérité ; des scènes
de confusion et de douleur agitaient sa maison.
Les périls de l'entreprise, la répartition des diverses
personnes de la suite sur les bâtiments, que le
moindre événement pouvait isoler les uns des
autres, avaient jeté l'effroi dans beaucoup d'esprits.
Les dames ne voulaient point être séparées de leurs
maris, et le dépit de ceux qui ne devaient point
suivre Napoléon ajouta encore à toutes ces rumeurs.

Tel était l'aspect de cette nuit d'inquiétude, lorsque le Capitaine fit avertir que tout était disposé pour recevoir l'Empereur. Le général Beker monta aussitôt dans l'appartement de Sa Majesté, et lui dit: *Sire, tout est prêt, le Capitaine vous attend.* Il se retira, persuadé que le départ aurait lieu immédiatement. Cependant, un intervalle assez long s'écoulait; le Général s'adressant au Grand-Maréchal le pressa d'instruire encore une fois Sa Majesté des dangers qu'entraînait un plus long retard. Au moment où le comte Bertrand allait réitérer ce dernier avis, Napoléon, entendant le mouvement des allées et des venues, frappé par le bruit des sanglots et des gémissements que la douleur arrachait aux personnes qui ne pouvaient l'accompagner, soit qu'il cédât à l'impression de tristesse manifestée autour de lui, soit qu'il craignît de se mettre à la merci d'un équipage étranger, ou qu'il se défiât du succès d'une tentative aussi aventureuse, chargea le Grand-Maréchal de dire qu'il renonçait à ce moyen de salut, et qu'il passerait le reste de la nuit à l'île d'Aix.

D'ailleurs, les sympathies de quelques-uns de ses compagnons d'exil pour la terre d'Angleterre, l'espoir d'une honorable réception qu'ils se flattaient d'y obtenir, enfin la crainte d'être faits prisonniers dans une traversée de long cours, leur avaient toujours fait préférer l'hospitalité anglaise à un passage en Amérique. L'un des personnages, placés jadis dans les conseils intimes de l'Empereur, s'était même adressé au général Beker pour l'engager à conseiller à sa Majesté *de renoncer à tous ces moyens précaires d'évasion, et de s'abandonner à la générosité du Régent de la Grande-Bretagne. Il ajouta que le peuple anglais serait sans doute flatté de posséder sur son sol le plus noble de ses ennemis, et l'accueillerait avec tous les honneurs dus à son nom.* Le comte Beker rejeta vivement une proposition qu'il n'approuvait pas, et qui, s'il l'eût acceptée, l'eût fait sortir du rôle de neutralité passive qu'il avait adoptée pour règle de conduite ; il se serait reproché toute influence, quelque indirecte qu'elle pût être, sur les décisions de l'Empereur.

14 juillet.

Le jour allait paraître ; l'instant propice à la fuite était passé. Les négociations furent alors renouées avec l'amiral anglais. Il fut arrêté de nouveau que le comte de Las-Cases et le général Lallemand se rendraient en parlementaires à la station ennemie, *pour connaître la réponse aux ouvertures déjà faites par les premiers plénipotentiaires, relatives à l'admission de l'Empereur et de sa suite en*

Angleterre. On ne doutait pas que l'accueil ne fût conforme au rang de celui qui sollicitait un asile, et digne de la grande nation à laquelle le nouveau Thémistocle demandait l'hospitalité.

Les deux envoyés, partis à quatre heures du matin, étaient de retour à midi, et rendaient compte à l'Empereur du résultat de leur mission. Le capitaine Maitland, commandant le Bellérophon, *avait reçu des ordres de son Gouvernement, d'après lesquels il était autorisé à accueillir Napoléon et sa suite, si la demande lui en était faite, et à le traiter avec tout le respect et tous les égards dus au rang qu'il avait occupé ; mais il ne garantissait pas à Sa Majesté l'envoi des saufs-conduits pour son passage de l'Angleterre aux Etats-Unis.*

Les termes de ce rapport n'étaient pas de nature à rassurer complétement sur les dispositions du cabinet de Saint-James. Un conseil fut convoqué immédiatement pour discuter toutes les chances des partis qui restaient à prendre. Une nouvelle proposition était soumise par le capitaine danois. Il pouvait encore cacher à son bord l'Empereur, s'il se confiait à sa loyauté, avec une seule personne de sa suite, quel que fût son rang ; il promettait de les soustraire aux investigations des Anglais. Le général

Lallemand pressait Sa Majesté de ne consulter que son salut personnel, de choisir autour d'elle celui qui lui inspirerait le plus de confiance; si elle l'honorait de son choix, il lui servirait de secrétaire, de valet de chambre. Mais les mêmes motifs qui avaient fait renoncer Napoléon aux tentatives de la nuit précédente parurent agir sur son esprit, et il rejeta encore cette dernière voie de salut.

Il ne restait plus qu'à invoquer la générosité anglaise, et à réclamer au foyer britannique un asile que toute nation eût dû être fière d'offrir. Il devait appartenir à l'Angleterre de ressusciter la foi punique. Ce fut sous l'empire d'un sentiment de loyauté et de confiance que, la veille, Napoléon écrivait au prince Régent cette lettre sublime que ses ennemis devaient admirer, mais qui ne devait pas modifier leur politique inflexible.

Au Prince Régent.

Rochefort, le 13 juillet 1815.

Altesse Royale,

En but aux factions qui divisent mon pays, et à l'inimitié des plus grandes puissances de l'Europe, j'ai terminé ma carrière politique, et je viens, comme Thémistocle, m'asseoir sur le foyer du peuple britannique. Je me mets sous la

protection de ses lois, que je réclame de V. A. R. comme
au plus puissant, au plus constant et au plus généreux de
mes ennemis.

Signé NAPOLÉON.

Minutes (*Sic*).

A quatre heures du soir, le comte de Las-Cases,
accompagné du général Gourgaud, portait cette lettre à bord du Bellérophon, et annonçait au capitaine
Maitland l'arrivée de l'Empereur, qui le lendemain
devait se mettre sous sa protection. Malgré sa répugnance à se livrer à son ennemi le plus acharné,
malgré la perspective d'un sombre avenir, Napoléon
préféra ce dernier parti à tous les moyens secondaires qui pouvaient présenter quelques chances de
succès. S'il avait voulu se dégager de sa nombreuse
suite pour monter la Bayadère, avec deux ou trois
officiers seulement, ou se confier aux neutres amé-
ricains et danois, il est probable qu'il serait parvenu
à s'échapper. Déjà, durant son séjour à la Malmaison, il avait refusé l'offre que le Ministre de la marine, M. le duc Decrès, était venu lui soumettre,
au nom d'un capitaine américain dont le navire en
partance au Hâvre l'aurait conduit aux Etats-Unis.
Mais alors, son abdication était trop récente; il con-
servait toujours l'espoir d'une meilleure fortune.
Toutes ces tentatives amenaient, il est vrai, le grave
inconvénient de le priver des avantages attachés à sa

magnanime résolution, s'il fût tombé au pouvoir de l'ennemi, avant d'atteindre l'Amérique. Ce n'est qu'après avoir pesé tous les moyens d'évasion proposés jusqu'au dernier moment, qu'il s'est enfin livré à la merci des Anglais.

Devant lui s'ouvrait aussi, depuis son abdication, le vaste champ d'une guerre civile ; il connaissait toute la puissance de son nom sur les populations. Il aurait pu, jusqu'à la fin, rentrer dans l'intérieur des terres, accourir à l'armée de la Loire, appeler à lui tous les régiments disséminés dans cette partie de la France. Sa voix ne serait point restée sans écho ; les cœurs eussent encore tressailli à ses nobles accents, et une lutte dont l'issue et la durée étaient incertaines pour ses adversaires eût pu s'engager sur ce terrain. Mais toujours Napoléon recula devant les guerres intestines, jamais il ne consentit à être pour son pays un élément de discorde. Il a voulu donner lui-même à la France et à l'Europe un témoignage éclatant de sa renonciation aux affaires publiques et de son abnégation, dans ces belles paroles qu'il adressa au général Beker, la veille de son départ, en lui faisant remettre la copie de sa lettre au Prince Régent d'Angleterre :

Puisque je suis un obstacle à la paix de l'Eu-

rope, je ne puis lui donner une plus grande preuve de ma condescendance à ses désirs, qu'en me livrant à la puissance qui dirige la politique du continent. C'est à la postérité qu'appartient désormais le jugement de la conduite des Souverains envers la France. En continuant la spoliation de notre patrie, ils seront condamnés par leurs propres manifestes; et les monuments historiques que ces grandes catastrophes transmettront aux générations à venir, fixeront l'opinion des siècles futurs sur la grandeur de mes entreprises.

Que la paix de l'Europe devienne donc le gage de ma renonciation au trône de France. Que l'Empereur Alexandre soutienne ce caractère de grandeur et de magnanimité qui le distingue dans les circonstances mémorables de son règne; qu'il n'oublie pas que, dans la position où se trouve l'Europe, le repos de la Russie dépend de la conservation de l'ancienne France. Enfin, que les Souverains qui règlent maintenant le sort des nations remplissent leurs engagements, et mes vœux seront accomplis.

Napoléon termina en annonçant au Général l'intention de quitter l'île, le lendemain, à la pointe du jour. En conséquence, le comte Beker transmit ses ordres au capitaine Philibert, et lui enjoignit de mettre, à l'heure désignée, le brick l'Epervier en état de recevoir l'Empereur et sa suite.

15 juillet.

Dès l'aurore, le commandant des frégates instruisait, en ces termes, le comte Beker de l'exécution des dispositions arrêtées :

Le Capitaine Philibert au général Beker,

Saal, rade de l'île d'Aix, le 15 juillet 1815.

Mon Général,

J'ai l'honneur de vous adresser la lettre que je viens de recevoir du Préfet maritime. Je vous prie de la communiquer sur-le-champ à l'Empereur, qui verra combien il est urgent qu'il ne perde pas une minute pour s'embarquer. J'ai ordonné toutes les dispositions nécessaires pour cela, tant pour le brick que pour les embarcations qui sont rendues à terre.

Le Capitaine de vaisseau, commandant,

PHILIBERT.

P. S. Je vous prie de me renvoyer, par l'officier porteur, la lettre du Préfet.

Le soleil du 15 juillet se leva enfin pour éclairer le dernier jour de l'existence politique de l'Empereur.

A trois heures du matin, les voiles de l'Epervier étaient déployées en face de l'île.

Napoléon, coiffé du petit chapeau, revêtu de l'habit vert de colonel des chasseurs de la Garde Impériale, l'épée au côté, entra dans le canot, suivi de tous ses officiers en grand uniforme, et bientôt après atteignit le brick. Le général Beker, qui l'avait accompagné jusque sur le pont du bâtiment, s'approcha de lui et lui demanda respectueusement *si Sa Majesté désirait qu'il la suivît jusqu'au Bellérophon, conformément aux instructions du Gouvernement.* Dans ce moment suprême l'Empereur, dont l'infortune n'avait pu altérer la sagacité et la profondeur d'esprit, qui, au milieu de ses malheurs veillait encore à la gloire de la France, répondit vivement: *N'en faites rien, Général, on ne manquerait pas de dire que vous m'avez livré aux Anglais. Comme c'est de mon propre mouvement que je me rends à bord de leur escadre, je ne veux pas laisser peser sur la France le soupçon d'un tel affront.*

Ce nouveau trait de grandeur d'âme ne permit pas au comte Beker de proférer une seule parole, il fondit en larmes. En cet instant, l'Empereur, empressé de lui donner un témoignage public de sa haute satisfaction pour la noblesse de sa conduite à son égard , lui dit : *Embrassez-moi , Général , je vous remercie de tous les soins que vous avez pris de moi ; je regrette de ne pas vous avoir connu plus tôt d'une manière aussi particulière , je vous aurais attaché à ma personne. Embrassez-moi , Général , adieu.* Les sanglots étouffaient la voix de celui qui, en étreignant dans ses bras son illustre Souverain qu'il ne devait plus revoir , ne put prononcer que ces quelques mots: *Adieu, Sire, soyez plus heureux que nous.*

Tous les témoins de cette scène déchirante , où le général Beker recevait la dernière accolade du grand homme , versaient des larmes. L'Empereur seul demeurait calme et impassible dans ce choc de toutes les adversités.

Plongé dans l'affliction, le comte Beker quitta le brick et se dirigea vers la Saal , pour y attendre le retour du bâtiment et connaître la réception faite à Napoléon à bord du vaisseau de la Grande-Bretagne. Du haut de la frégate, ses yeux suivaient dans le lointain les traces du navire qui portait tant de grandeur et tant d'infortune.

Après quelques heures d'attente , il vit revenir le

brick, et reçut du grand-maréchal comte Bertrand une lettre qui l'instruisit de l'accueil fait à Sa Majesté.

Le grand-maréchal comte Bertrand au général Beker.

15 juillet 1815.

Mon cher Général,

Nous sommes arrivés à bord des Anglais, nous n'avons qu'à nous louer de l'accueil que nous y avons reçu, et à vous remercier de la bonne garde que vous nous avez faite. — Je vous prie de faire connaître à Madame, à la princesse Hortense, qui doivent être du côté de Paris, que l'Empereur se porte bien.

Veuillez en instruire également le prince Joseph, qui doit être du côté de Rochefort.

Je vous ai remis la copie de la lettre que l'Empereur a écrite au Prince Régent; je n'ai pas besoin de vous recommander de ne la communiquer à personne avant quinze jours au moins. Vous sentez combien il serait inconvenant qu'elle fût connue avant que les journaux anglais l'eussent publiée.

Conservez-moi, mon cher Général, un bon souvenir, et veuillez agréer la nouvelle assurance de mes sentiments affectueux et de considération.

BERTRAND.

L'Empereur avait chargé en même temps le maréchal Bertrand de faire passer au général Beker, comme témoignage de gratitude, une croix d'officier de la Légion d'honneur qu'il avait portée.

Le Lieutenant du brick dépeignit l'attitude respectueuse de l'état-major et de l'équipage anglais, le silence religieux qui avait présidé à l'installation de l'Empereur sur le Bellérophon.

Le cœur navré de douleur du grand événement qui venait de s'accomplir sous ses yeux, le Général retourna à Rochefort. Il adressa au Ministre de la guerre une dernière dépêche et l'informa que sa mission s'était terminée le 15 juillet, à trois heures du matin, en rade de l'île d'Aix.

Dépêche du général Beker au Ministre de la Guerre.

Rochefort, le 15 juillet 1815, à 11 heures du soir.

MONSEIGNEUR,

J'ai l'honneur d'informer Votre Excellence que la mission, dont m'avait chargé le Gouvernement provisoire pour accompagner l'Empereur jusqu'à Rochefort, a été terminée aujourd'hui en rade de l'île d'Aix, à trois heures du matin.

Sa Majesté, convaincue de l'impossibilité de sortir sur les bâtiments de guerre pour se rendre aux Etats-Unis, dédaignant, en outre, les moyens secondaires qui pouvaient favoriser son passage en Amérique, a pris la noble résolution d'écrire à son Altesse Royale le Prince Régent d'Angleterre, pour lui demander l'hospitalité.

En conséquence de cette détermination, l'Empereur s'est rendu à bord du vaisseau anglais le Belléphon, capitaine Maitland, qui, en vertu des ordres qu'il a reçus de son Gouvernement, a fait à Sa Majesté l'accueil digne du haut rang qu'elle a occupé parmi les souverains de l'Europe.

Si Votre Excellence le désire, j'aurai l'honneur de lui faire, à mon arrivée à Paris, un rapport plus détaillé sur l'exécution des ordres qui m'étaient confiés. Je me borne, ce soir, à confirmer l'installation de Napoléon à bord de l'escadre anglaise, et son départ pour la Grande-Bretagne, qu'il a effectué en renouvelant ses vœux pour le rétablissement de la paix et l'indépendance de notre patrie.

Signé le Lieutenant-Général,

COMTE BEKER.

Le général Beker avait passé vingt et un jours auprès de la personne de Napoléon. Toujours plein de déférences pour ses moindres désirs, il avait obtenu une confiance illimitée. Il n'agissait que suivant ses ordres, il ne recevait aucune nouvelle, aucune instruction, sans les lui communiquer aussitôt. On l'a vu tantôt allant plaider la cause de Napoléon au sein de la Commission Exécutive, malgré les injonctions contraires qu'elle lui avait adressées ; tantôt traçant dans ses dépêches officielles les vœux et les paroles de l'Empereur lui-même. Si, dans le principe, le Général avait accepté avec hésitation cette mission délicate, bientôt la certitude des services que sa position lui permettrait de rendre à l'Empereur enchaîna son dévouement.

Pendant trois semaines, presqu'en permanence auprès de Napoléon, puisqu'il avait l'honneur de dîner tous les jours à sa table, excepté pendant les courts instants qui réunirent les deux frères à Rochefort et à l'île d'Aix, le Général put observer le Souverain détrôné dans toutes les phases d'une situation cruellement critique. Mais jamais il ne lui fut donné de pénétrer dans les replis de cette grande âme, de deviner le caractère des sensations, encore moins les pensées secrètes de cet homme extraordinaire. C'était un spectacle à la fois douloureux et sublime que cette lutte, où le génie tombé du faîte de la puissance apparaissait aux prises avec l'adversité. Calme et résigné comme à l'époque de sa plus grande splendeur, Napoléon n'avait rien perdu de cette aménité qui faisait le charme de ses conversations familières ; il ne semblait nullement préoccupé du sort que lui réservait l'avenir. Affable envers les personnes qui l'approchaient, il avait pour tous des encouragements et des conseils utiles dans ces tristes circonstances. Il subissait sa destinée, sans manifester ni émotion ni abattement, sans proférer une seule plainte contre ceux qui l'avaient abandonné dans ses malheurs. Une seule fois, à Rochefort, il ne put contenir une expression douloureuse ; les journaux venaient de lui apprendre la capitulation de Paris ; il jeta la feuille sur un guéridon et rentra dans ses appartements.

L'irrésolution de l'Empereur, pendant ce voyage, peut exciter la surprise ; mais s'il a été lui-même par ses incertitudes un obstacle à son évasion, c'est qu'il espérait toujours un retour de fortune, et ne pouvait se résoudre à quitter la France en fugitif, à s'échapper en proscrit. Le sentiment de sa dignité dominait dans tous ses actes ; son attitude, toujours empreinte de noblesse, ne cessa d'être en harmonie avec sa position.

Lui seul s'est montré grand dans la tempête qui l'avait précipité du trône.

CHAPITRE V.

Le général Beker avait satisfait à son devoir envers l'Empereur et envers la France. Il reprit le chemin de Paris, pour rendre au Gouvernement un compte verbal des événements qui avaient signalé le cours de sa mission.

On se rappelle l'incident survenu à Saint-Maixent. Le comte Beker, à son passage dans cette ville, apprit par l'officier municipal qui visa son passe-port, que la calèche avait été fort heureuse de précipiter son départ, et de se dérober au rassemblement tumultueux qui, une fois formé, pouvait se porter à quelques excès, ou créer des obstacles qui auraient isolé l'Empereur au milieu de la Vendée. Le Général remercia l'officier du zèle qu'il avait déployé dans cette circonstance, et poursuivit sa route jusqu'à Orléans, dans la voiture de voyage dont Napoléon se servait aux armées, et qu'il lui avait donnée lors de leur séparation.

Un poste prussien, établi aux portes de cette ville, ne permettait pas de délivrer des chevaux aux voyageurs, sans l'autorisation du Général commandant. Celui-ci ayant eu connaissance de l'arrivée du Commissaire chargé d'accompagner Napoléon à Rochefort, l'envoya prendre par un officier d'ordonnance, et le fit amener dans son hôtel. Pendant ce temps, le Commandant prussien annonçait par une dépêche au feld-maréchal Blücher la capture qu'il venait de faire, capture qu'il regardait comme assez importante pour faire escorter son prisonnier jusque dans la Capitale. Un aide-de-camp se plaça dans la voiture, et le général Beker arriva de la sorte chez le général Muffling, Gouverneur de Paris. Ce dernier était dans un étonnement extrême ; il ne pouvait croire que l'Empereur se fût livré lui-même aux Anglais ; il accablait son interlocuteur de questions, auxquelles celui-ci se défendit souvent de répondre ; il voulait même faire conduire le Général chez le duc Wellington, pour informer son Excellence de cette nouvelle extraordinaire. Néanmoins le Gouverneur prussien, appréciant les motifs qui ne permettaient au comte Beker de rendre compte de sa mission qu'à son Gouvernement, lui rendit la liberté qui lui était si nécessaire pour se remettre de tant de fatigues.

Dégagé des entraves qui avaient arrêté sa marche, le général Beker se rendit chez le nouveau Ministre de la guerre, le maréchal Gouvion-Saint-Cyr, chez le prince de Talleyrand et chez le duc d'Otrante, pour leur confirmer les termes du rapport qu'il avait expédié de Rochefort sur l'accomplissement des destinées de l'Empereur. Toute sa conduite fut approuvée par le Conseil des Ministres. On ne savait pas encore comment la Sainte-Alliance disposerait de la personne de Napoléon. Ce fut chez le marquis de Jaucourt, alord Ministre de la marine, que le Général eut connaissance des dispositions arrêtées à cet égard. Un des chefs de l'Amirauté anglaise vint annoncer que les Souverains alliés avaient résolu de faire transporter Napoléon à Sainte-Hélène, pour y être détenu sous la garantie et sous la protection des Empereurs de Russie et d'Autriche et du Roi de Prusse. Cette nouvelle éclatant subitement dans Paris y répandit l'étonnement et le deuil. On se demandait partout quel traitement plus cruel eût pu être infligé à l'illustre captif, dans le cas où il eût été saisi en pleine mer.

La présence de celui qui avait été initié aux derniers actes de l'Empereur, qui avait reçu sa dernière accolade, excitait dans les salons de Paris un vif intérêt. Le comte Beker ne pouvait qu'avec peine se soustraire à cette curiosité universelle. Il dînait chez le duc d'Otrante, alors Ministre de la police, qui prêtait une vive attention au récit que le Général lui faisait de son voyage avec l'Empereur, lorsque le Ministre, dans un instant d'épanchement, arrêta la conversation sur les négociations secrètes qu'il avait liées avec le prince de Metternich, au sujet de l'abdication de Napoléon et de la reconnaissance du Roi de Rome. En présence d'un autre membre de la Chambre des Représentants, il assura que le Prince n'avait exigé que l'abdication de l'Empereur, formulée en peu de mots : *Tout, excepté l'Empereur.* Frappé de cette disposition de la Cour de Vienne, le Général dit au duc d'Otrante : *Pourquoi, Monsieur le Duc, n'avez-vous pas signalé ces mémorables paroles aux deux Chambres? Vous saviez pourtant que, si la France, après une année d'expérience, pouvait n'être plus disposée à sacrifier son avenir à la conservation d'un homme, elle pouvait du moins nourrir encore des sympathies pour son fils.* Le Ministre s'aperçut qu'il s'était trop avancé dans ses révélations, il détourna la conversation et rentra dans les grands appartements, encombrés par les notabilités politiques et militaires de l'Europe.

Paris était alors un affligeant théâtre. La douleur de ceux qui portaient le deuil de leur pays envahi contrastait avec la gaîté dont les accès bruyants se manifestaient dans le jardin des Tuileries. Là, dans des chants injurieux, outrageant la mémoire de l'Empereur, dansaient avec des soldats étrangers des femmes qui avaient tout renié, jusqu'à la gloire de leur patrie.

Ce spectacle, qui scandalisait même les officiers des armées alliées, produisit une impression bien pénible sur l'esprit du général Beker, qu'attristaient d'autres souvenirs encore si récents. Il avait consacré quelques jours à la Capitale, il eut hâte de s'en éloigner. Il alla demander au Ministre de la guerre, son ancien ami, l'autorisation de rentrer dans ses foyers. Le Maréchal avait rendu compte au Roi de la manière dont le comte Beker avait rempli sa mission ; il proposa au Général, au nom de Louis XVIII, le commandement d'une division militaire. Cette proposition, toute honorable et toute flatteuse qu'elle paraissait être à celui qui la recevait, ne convint pas néanmoins à son caractère. Il remercia le Ministre de ses offres, en ajoutant que *la moitié de la France étant occupée par les armées étrangères et l'autre moitié livrée aux discordes intestines, il ne se sentait pas la force nécessaire pour faire exécuter les ordres du Gouvernement.*

Le Maréchal, cédant à ces motifs, lui fit expédier aussitôt l'autorisation qu'il sollicitait.

Le Ministre de la Guerre au général comte Beker.

Paris, le 24 juillet 1815.

Général,

J'ai l'honneur de vous annoncer que, *conformément à la demande que vous en avez faite*, vous êtes autorisé à vous rendre dans le département du Puy-de-Dôme, pour y attendre de nouveaux ordres.

Signé le Ministre Secrétaire d'Etat de la Guerre,
GOUVION SAINT-CYR.

Libre enfin de suivre son impulsion, le comte Beker retourna dans le département du Puy-de-Dôme, où il avait fixé sa résidence depuis son mariage avec la sœur du général Desaix, et où stationnait alors le corps d'armée des Alpes. Il se rendit d'abord à Clermont auprès du maréchal Suchet, commandant en chef, son ancien ami et compagnon d'armes. Le duc d'Albuféra était à table, entouré de son Etat major, lorsqu'on annonça le général Beker. Emotion profonde. Le maréchal et le général se jettent dans les bras l'un de l'autre. « *Eh bien!* » dit vivement le Duc. — « *Tout est consommé,* » répond le Général. Des larmes coulent sur tous les visages, quelques paroles sont échangées; puis, le Maréchal emmène celui qui captivait à un si haut degré l'attention, pour entendre sans témoins le récit du dernier acte du grand drame qui venait de s'accomplir.

Le Général put enfin aller revoir sa retraite de Mons, et y goûter un repos si nécessaire après tant d'émotions cruelles, et après tant de jours d'agitation physique et morale.

FIN

TABLE DES MATIERES

Clermont, typ. Ferd. Thibaud,